先生教书

李琦 著

光明日报出版社

图书在版编目（CIP）数据

先生教书：写给学生与公众的读书札记 / 李琦著
.-- 北京：光明日报出版社，2019.10
ISBN 978-7-5194-5212-4

Ⅰ. ①先… Ⅱ. ①李… Ⅲ. ① 读书笔记—中国—现代
Ⅳ. ① G792

中国版本图书馆 CIP 数据核字（2019）第 052255 号

先生教书——写给学生与公众的读书札记

XIANSHENG JIAOSHU— XIE GEI XUESHENG YU GONGZHONG DE DUSHU ZHAJI

著　者：李琦

责任编辑：杨　茹　　　　　　　责任校对：傅泉泽
封面设计：张可心　　　　　　　责任印制：曹　净
封面题字：林有振　　　　　　　插图绘画：张立威

出版发行　光明日报出版社
地　　址：北京市西城区永安路 106 号，100050
电　　话：010-67021047（咨询），010-63131930（邮购）
传　　真：010-67078227，67078255
网　　址：http://book.gmw.cn
E - mail：yangru@gmw.cn
法律顾问：北京德恒律师事务所龚柳方律师

印　　刷：三河市华东印刷有限公司
装　　订：三河市华东印刷有限公司
本书如有破损、缺页、装订错误，请与本社联系调换，电话：010-67019571

开　　本：170mm×240mm　　　　印　　张：13.25
字　　数：170 千字　　　　　　　插　　图：22
版　　次：2019 年 10 月第 1 版　　印　　次：2019 年 10 月第 1 次印刷
书　　号：ISBN 978-7-5194-5212-4

定　　价：58.00 元

自 序
亲手打开一本书

读书有许多方式。

以哪种方式读书，显然不仅仅出于客观条件如何。读书的方式，自然就是文化取向、审美品位。读书的方式，当然也是读书之人的品相、风气，即士相、士风。读书的方式，定然更是世相、世风。囊萤映雪，如今大概不会有了。哪是因为到处已经灯火通明？造访的客人，见到主人藏书，不由自主地读入迷，已成远逝的景象了。纸的时代，是厦门的一家书店。显眼处，有八个字，"完整阅读，深度思考"。我非常赞赏。不过，这又实实在在是由当下的阅读状况所催生的。原本该不言自明的。阅读化作碎片，又几乎不假思索，才变得需要特别倡言这八个字于读者。

代餐粉渐渐流行，流出一门好生意。食材就此真的只是食物了。对于中国人而言，食的文化意味，食的生命节奏，完全无法体现在这一样食物中。有些阅读方式，无异于代餐粉。看书改为听书时，手上无书，心中也难有书。也有"看"书的，某些电视节目、在线视频之类。

这时手上依然无书。我自然承认，听书比不听好，"看"书比不"看"好。但是，若以为这就是真正的读书，若以为这般"读书"足够了，那是自误，绝无从书中自悟。毋宁说是自娱自乐。

许多有心人，带着责任、使命，利用层出不穷的新技术，造成各种各样的新媒介，意图帮助阅读、促进阅读。其志可嘉，其心可佩。书籍推介、知识传播，也见其效，却终究缺了一点点。盖因非以阅读的方式引导、促成阅读。这"一点点"，也许就是毫厘而千里。一应新技术、新媒介里，书的"养分"可以不少，可是一卷在握所带来的感觉，那份趣味，那般意境，真的还在？

最好莫过于，亲手打开一本书。

亲手打开一本书，是拜谒一位先哲、智士，犹如面对面感受其气息、温度，将他饱满、生动地显现出来，乃至让他活在你开卷之时。作者从来不曾"死去"。他不过是小憩，等你亲手拍拍即醒。

亲手打开一本书，是你有机缘用手指触摸每个字。此时，再无任何阻隔。都是老朋友了，却总是让你有新鲜感；也会遇到陌生人，然后一回生二回熟。这些字，从几千年前悠悠走来。在华夏的意象里，每个字，都有自己独立的字格。

亲手打开一本书，是为了感受自己的脉动。竹简木牍不方便，也硬。纸页方便又柔软。现代技术提供的屏幕，足够方便，却更硬，还冰冷。手持、指触，失了美感，少了意味。纸本，才易于和我们的心相通。

打开一本书，好让自己身心静下来。静下来，不必匆匆忙忙，得个舒缓。静下来，脱去心浮气躁，得个安详。静静地，打开一本书。

这个世界会变得素净，自己也一并素净。

打开一本书，自己会恍然一个世界。不再是单薄的，立体了一些；不再是单调的，丰富起来了；不再是苍白的，得了些生机；不再是残缺的，添了点饱满。如此，静而不寂，独而不孤。阅读既是一个人独处，又是独自与作者、与这个世界对话。

亲手打开一本书，静于独，独以静。趋化境。

前　言
守一分血脉纯净

吾人今日所以读书、教书者

　　这本书，慢节奏写下来。快则无益，也快不得。

　　这节奏，慢在课下。每个学期，我都有不少时间在教室里。2017—2018 学年的秋冬学期，甚至有七个班的课，从本科生的通识选修课到硕士生的专业学位课；而春季学期，则有"法律与文明""文明辨思：中国与世界"两门新的课程。好在，这些年里，上课是我唯一的工作。这才由得我下课了从容地写这些篇章。我又未把这真当作课下。于我，课堂里是教书，书房里写着这些短篇也是教书。丁酉年夏起意写这些小文，本是为了给学生们作课外阅读之用，以补课上我少讲之缺。课上课下，一以贯之。读者则大抵能从字里行间读出淡然、闲散。这似乎最该是阅读的状态。

　　读者打开这本书，所见该算一种新的文体。其新，并非全然标新立异，只是糅合了以往习见的几类体裁。说糅合，不免自夸之嫌。也许不过是杂合之作。

读者可以将这本书首先当作一份书单。我从读过的书中选出一些，推荐给读者。我从教师的角度设想，一个受过高等教育的人，求学之时、生计之余，有哪些书是值得读的、应该读的，却又可能未必遇得到或容易错过的？我以中国人的角度设想，一个具备基本文化素养的华夏后裔，若当有所辨思，明了己身血脉，又有哪些书值得读、应该读？我以博览的尺度，定取舍。无关通常所谓的专业、学科。这取舍，又得考虑是否适合一般读者之阅读。颇费思量。这份书单，果真合了读者趣味？我全无把握。若是有愿意按图索骥的读者，取了书单中的某一册，便请静坐、静心，以静读。

人与人固然讲缘分，人与书也讲缘分的。我以为当读之书、可读之书，他人未必以为然。何况书海浩瀚，即如人海茫茫，不读这些书，读了另外一些书，依然大有裨益。如此一说，开列书单，无如多此一举。那么，读者可以将这本书当作所推荐的卷辑的导读之作。因我所导，读者多少能得些阅读便利，甚至可能多得些品味。诚愿我不至误导读者，而无负原著。我日常的教学里，时也为硕士生的法理学课程写点导读文章。当然，读者是否真需要我导读，必也因人而异。那么，我的导读之举，就当是我随附于书单的阅读理由，以免书单过于单薄，以示我的阅读推荐确非姑妄。

比起开列书单来，作文导读，我所受约束固大。因为必须忠实于原著。严格地说，导读并非品评，属于有一说一、有二说二。我在写作中，稍不小心，就越过了这个界限。于是，读者所见，这些短篇就带了点书评的意味，介绍原著的内容、理路之外，我有褒有贬，有时更是提出些商榷意见。这么写，于我固然是得了些自在，于读者大概恰也能多得些提示、启发，甚至豁然开朗、因指见月。学术既为天下之公器，自应由天下所公议。我若荐、导而不议，便是失了教书先生的本分了。

荐书、导读、评议，诚然是公共的，我自己在书房静读，却又是纯个人的。个人的一应阅读感受，是我与原著对话。阅读若缺了这一通对话，不免粗疏，更无生气。这样的阅读感受，本不必示人，也不宜示人。这是阅读之时为己的，非为人、为公。我也不免在书中将我与原著的对话，三言两语地，披露于读者。如此，读者得以了解，某本书、某个话题，我的个人感受是如何的，也可能由此得以将思路、视野延伸开来，添了辽阔、悠远、精微、细密。

书单、导读、书评、随感，如此这般。犹如绣娘的不同针法。

说到杂，初衷是不妨明明白白、大大方方地作一册读书杂记，哪怕读者见了以为散乱、堆砌。借着这些驳杂的篇章，读者或许正好接近于甚至达到博览之效。以驳而博，博而能驳。写作过半，到了寒假。校园终于空旷了，安静了。就着这份空、静，梳理那些散珠般的已成篇章，意外发现它们像是自行编排组合好了，起承转合，条理井然。我这下惊觉，大半年来看是随性的过程，实则有一条线，贯穿了几乎每一次的单篇写作。这条无形之线，牵扯着我，素材何所取舍，评述如何着笔。这条线，便是"辨华夏，观天下"，或谓"中国根基，全球视野"。读者若是读出"中文版人类叙事"，也是不差。我看来是背离了夏日起笔时的初衷。我看来是深陷于这些年的思虑，不由自主地将特定的文化取向、宏阔的文明辨思融进笔端。于一些读者而言，这适为弊端。我这个原本力图客观、准确的纯粹的转述者，杂糅了主观、任性的讲述者的身份。一身二任。

这个变化，带给读者一样不乏新奇的阅读体验。往常的阅读里，读者只是面对一重作者。这一回，读者却面对双重作者。我将我自己叠加于原著作者。若是这个说法是我自大，那就换个说法。往常的阅读，读者只是自己和作者对话，只是单线对话的阅读。在本书中，读者将体验多重对话。读者一面与原著作者对话，一面感受我与原著之对话，并由此得以与我对话。借着这三角关系，诚愿读者获得阅读的别样之乐。

动念之时，计划每篇字数只在三千上下，既简明扼要不致错解原著，也使读者可以轻松、愉悦。后来大大突破这个自设的限制，读者眼里，这些篇章就很可能太长了。这是要特意恳请读者谅解的。文不能约的原因有二：其一，这些话题在我看来都不小，大题小做的话，不免简慢、轻率；其二，每篇增加点字数，或者略为细致地转述原著内容，或者多些评析、引申，可使无暇阅读原著的读者少去一些遗憾，也可助有心的读者多一点儿领会。

每种文化，都会将一应元典恭奉为圣经。几百年里的中西文化交流，有意无意地造出了一样误解，"圣经"一词居然就专属于基督宗教了。奇也，惜哉。在中国文化中，经之外还有传，如《易经》有《易传》，如《春秋》与其三传《左氏传》《公羊传》《谷梁传》。古人合经、传为圣经贤传。《现代汉语词典》便列有"圣经贤传"一词："旧称儒家的代表性著作为圣经贤传。圣经是传说经圣人手订的著作，贤传是贤人阐释经书的著作。"一般读者最熟悉的贤传该是《春秋左氏传》所简称的《左传》了。俗语里说一个人"名不见经传"，实则这很正常。

名见于经传才不易。

文化若要历久弥新，先圣前贤之后，总得每一代的时贤今哲凝神静思以"知天命"，呕心沥血续经传。圣经贤传不免抽象、玄奥，例如《春秋》之"微言大义"。一般人眼里就觉得是疏离的、悬空的、晦涩的、隔阂的。有赖时贤今哲为经传培土浇水，使之郁郁葱葱于生生不息中的一代又一代新人。每个时代固有其具体的乃至急迫的难题、困扰，往往带来这一代人的焦虑、煎熬。圣经贤传中本不会有直接的、明晰的答案。时贤今哲在这漫漫长路中上下求索，人的精神世界遂愈加饱满、细腻，于当下有所审察，顾来路能明因缘，看前途或可阔达。这也是人类文化经由如此代代相续之添砖加瓦而成广厦，"大庇天下生民俱欢颜"。

这本小书，即是撷取一些严肃写作的卷辑，虽未足以作为经典，却多少能够除惑以了然，新知以通达，纾解以去忧，棒喝以猛醒。

我深知，这世上定然另有一人，乃至有许多人，远比我适合写这般立意与体裁的文字。只是，其人未必肯做这事，或不觉该做这事。我就着绵薄学识，谨慎选取文本。落笔之时，既字斟句酌，又不免恣意挥洒。如此选本、运笔，也许因不自量力致贻笑大方，也许恰是教书之人课堂上耳提面命之外最该做的，是完整意义的教书所不可少的。纵然有那不自量力之虞，也当勉力一试，好为课堂里的学子、校园外的公众多开一扇窗子。这是一扇返回阅读本身与本真的窗子。

只因，促进阅读的不二法门，唯阅读本身。

目 录
CONTENTS

上卷　辨华夏

天雨流芳	讲论中国艺术的绝美之作	// 002
曲院风荷	中国艺术的深层意味	// 008
音生天地	满卷风雅皆韶乐，一声千古识神州	// 013
行云流水	华夏的宗教与音乐	// 022
青铜熠熠	冶金术的东方调式	// 030
泥陶遥遥	器所本，道之原	// 037
一分为三	吾人传统中的思维方式与世界观，庞朴如是说	// 045
谁言识字	探究汉字基本原理的《文字哲学》	// 054
大学之道	其源流、精神、形制与人物	// 062
公议社会	中国历史与文化的政治维度	// 070

下卷　观天下

文明起源：无解之解	据说只是"副产品"，因为偶变	// 080
何言进步	我们如何对待历史，自己的、他人的、共同的	// 089
冶金术：文明之成耶，败耶	人类如何以大地为母亲	// 096

火事，火势　文明乃是人引火、玩火　　　　　　　　　　　// 104

人之所以为人者　只说了一半的《人论》　　　　　　　　　// 112

融汇东方、西方心灵的精神生活　为何与如何"超越宗教"　// 121

科学：独特思维，还是普世知识　谁错识与错失　　　　　// 130

资本主义：远还是近，熟悉抑或陌生　借资本主义的简史以知一二 // 138

江河万古，东西分流　何处探寻人类文明的"普遍法则"　　// 146

天下·当代　全球体系里人类文明之变　　　　　　　　　// 154

另　篇

字里滋味　《澄衷蒙学堂字课图说》重刊有感　　　　　　// 166

录旧补新

节气：无尽奥义的天地图式　　　　　　　　　　　　　// 176

读书如何"报告"（代跋）　　　　　　　　　　　　　// 193

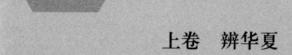

上卷　辨华夏

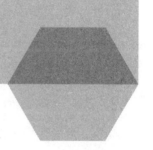

天雨流芳

讲论中国艺术的绝美之作

这一册《天雨流芳：中国艺术二十二讲》，是每个正在上大学的中国学生都该读的。否则，文凭即使不缺个角，也是少了色泽的。而任何一个中国人，只要初通文墨，也都不妨读一读，添一份华夏后裔的神气。

作者李霖灿（1912—1999），也是中国纳西文亦即东巴文研究的开拓者、奠基者。他之开拓与奠基，正值华夏殊死抗争东瀛来犯之时。单这一点，今人就该感佩其功业了。"天雨流芳"，"汉语意为天降润雨，滋生万物。如以纳西语发音，其意思乃是'去看书'"。丽江古城里，纳西土司府前矗立的石牌坊，镌刻的正是"天雨流芳"四字。

他司职故宫博物院，后随迁台北。这可以说是其终身志业。得益于此，李霖灿在台湾大学客座讲中国美术史一课，其讲义1987年由台湾雄狮美术出版社刊布，取名《艺术欣赏与人生》。这正是他七十五岁之人生历练与艺术沉淀。可以想象其行文之老到、字里行间之奥妙。我手上这一册，则是广西师范大学出版社 2010 年版本，易名为《天雨流芳：中国艺术二十二讲》。比起来，我更喜欢这个书名。出版者置之于"古典中国"书系，甚是恰当。

全书配图 276 幅，以历代名画为主，兼及书法、雕塑等，也有少量必要的照片。印刷堪称精美，线条清晰、色彩逼真，远不止于将作者文意直观呈现，实非"图文并茂"所能言。装帧简约、雅致，清爽、厚重，可以典藏，可以家传。这一册，得读回纸版，则有如亲捧那些近千年的传世绢本。

还只是看篇目，就足够诱人了。我尤其喜欢的有：第十讲《胸有成竹，目无全牛》，第十二讲《观万物生意》，第十六讲《石不能言最可人》，第二十讲《多情乃佛心》。

而开篇第一讲，乃是《从容与忙迫》，正是人生的两种状态。中国画中的闲散、适意，作者娓娓道来。引齐白石《三余图》，三条小鱼，鱼余同音。齐白石题字，"画者工之余，诗者睡之余，寿者劫之余，此白石之三余也"。随即，作者谓：

若推究一下这种三余图之由来则久矣，益发能显示出中国人的生活从容，因为原来的三余是"夜者日之余""雨者晴之余""闰者岁之余"。拿古代的自在有余和现在的忙迫不堪一比，我们不禁大为怀疑起来，这内中的得失消长如何调剂，才能使现下当今的忙迫癌症起手回春化为一片从容祥和，庶几能切问近思乐我平生？

这般谋篇布局，自是匠心巧运，自然令人掩卷而思。

由艺术而层层剥现华夏精神之幽微，是李霖灿之深；将中西艺术比较、参验，则是李霖灿之广。这一深一广，使人畅快无比。

作者讲论中西之会通。一位德国的抽象画家，仅有一个小时在台北故宫博物院逗留，请作者推荐一件对他最有帮助又最有启发的藏品，以了解中国艺术。作者毫不迟疑，"请来唐代醉僧怀素的《自叙帖》"。德国画家一见之下，既喜且惊。一口气看完，欣欣然道谢于作者，说"虽然我一个中国字也不认识，但是这一位中国书法家的心意我完全明白"。想来是李霖灿眼界宽、心思细。若取的不是怀素狂草，而是同为唐代的李阳冰的篆书，这身为抽象派画家的德国人大概要傻眼。李霖灿眼高思精一回事，西洋画家识得一千多年前华夏书家笔意另回事。这一下会通，跨空间万里，越时间千年。

书中第七十六页，作者将明代沈周写真册的《猫图》与伊斯坦布尔陶比卡博物馆中的"神猫"并列，以两只同心圆构图的猫，显明"东西艺人此心同"。又从牧溪和尚的《六柿图》与塞尚的《苹果与酒瓶》的互参中，申言"可知地无分东西欧亚，时无分中古近代，艺术家对事物永恒的追求是一样的"。此外，丢勒的《野兔》和北宋崔白《双喜图》中的兔子，毕加索《泼墨人骑图》与北宋梁楷的《泼墨仙人》，库尔贝的《花蓝图》和南宋李嵩的《花篮》，在在让读者开了眼界。须得补一句：中国艺术家的作品，比西洋同行要早，早得多。这如同华夏在《诗经》中已开始赞美自然，而同一声讴歌，西方得等到雪莱、拜伦，足足晚了两千年。本当如此。原生性的华夏文化，西人眼里，容易看出"早熟"。

这就含了差异了。这差异我以为很大，虽然李霖灿认为这差异不在"艺术追求的最核心部分"。这一段是书中最生动的行文之一：

试把罗丹的沉思者像和中国北魏思维像摆在一起来看，您便会发现二者在思想的方式上迥然不同。一个是满头大汗地在想，一个是悠闲自在地在想。前者的精神状态是紧张的，所以全身的筋肉都在用力气，尤其是胫腿部分筋络奋张，形势危急。从一个中国人或东方人的眼中看去，我们每每不禁要问一声，思想亦要这样吃力的吗？这样紧张地苦苦追索，真理就会为我们所捕捉到？说不定正会因此而失之交臂。

回头看一下北魏思维像，那姿态就从容多了。半跏趺而坐，支颐而思，意态十分自在。不但没有肌肉紧张地去想，面上还分明想呈现出一种了悟后的欣悦微笑。这两尊思想像的意态表现，从某一个角度中透露出中西艺术思想底色的不同。

这"底色"，是思维的差异。西人以理性求逼真，华夏凭意象示感悟。文明基因上乃是牧猎与农耕之别。举最简单的例子。希腊神话中月亮女神手持弓箭，何其尚力；而华夏的嫦娥飘逸升腾，意态曼妙。爱神丘比特，射出一箭，锁定情缘。这情缘，也着实常常"直叫人生死相许"。这一箭，写实，也写出了小男孩的淘气。华夏的月老，老得阅人无数，老得慈眉善目。姻缘牵或不牵，都不是要人命的相貌。你看李霖灿如何归纳：

　　跨前一步想，和自然迎面相对，所以要征服它、驾驭它、解析它。退后一步，则是面前道路广阔，把自己融合在天地自然之间，因之要与它和谐，要与它合二为一。

　　李霖灿说，他客座讲中国美术史，是在台湾大学与故宫博物院架了一座桥。我读了这一册《天雨流芳：中国艺术二十二讲》，以为他巧手素心，奉上两座桥。一座桥，在经纬空间上，使人从东方走到西方，看出点端倪；一座桥，适为时间之轴，令今人前行数百年、千多年，去品味华夏文化之奥义、精微。

　　诸君，且请桥上行，看不尽万般风景。

古典中国

李霖灿 著

天雨流芳

中国艺术二十二讲

广西师范大学出版社

曲院风荷

中国艺术的深层意味

李霖灿的桥上，有如闲庭信步般，优哉游哉。若是因此心满意足，也是好的。下了桥呢？若想登堂入室，深究中国艺术之况味，也有去处。

《曲院风荷——中国艺术论十讲》，北京大学哲学教授朱良志所作，假中华书局刊布于2014年。我手上这一册，为2016年4月第四次印刷本。其总印数接近三万册，可见很受读者欢迎。与《天雨流芳》一样，《曲院风荷》也是口述于先，著述在后。二者都可谓得中国艺术乃至华夏文化之真谛。所不同者，可归为三。其一，李霖灿讲课，定位上便偏于入门性的引导而意欲普及中国艺术；朱良志是做一个"多年来研究中国艺术理论的简约报告"，欲求艺术与文化之深层勾连。其二，朱良志所及更广。诸艺术形式，绘画、书法外，多有诗词、乐舞，复有园林、篆刻。其三，《天雨流芳》辨别华夏与泰西艺术之异同，令人开眼；《曲院风荷》呈现华夏文化一体中儒释道之融贯，促人咀嚼。

　　我这个艺术的外行，敢自顾自断言这是关于中国艺术的两本佳作，一来是我从书中读出"艺术中的性命"，二来我看到的是纯正的中文写作。《曲院风荷》但看目录，就觉出趣味来。十讲的题名，都只两个字，简单，其意则似有若无。听香，看舞；曲径，微花；枯树，空山；冷月，和风；慧剑，扁舟。我特意依书中顺序录下，却又分五组列出，只因恰好成对子。此书的目录页就如一幅很淡很淡的水墨画，当得"文约意远"四字。若是看舞、听香前后对调而无害作者论艺之意，最好。每一讲里的小标题，也很有味道。例如第七讲，分了"雪国""静瓶""孤峰""野水"，以铺陈出"冷月"的意境。如此来传达中国艺术，显然是作者用心，又堪堪契合了中国艺术之韵味。

　　篇目是对偶的，所论则是中国艺术中的十大方面，形与神，动与静，藏与露，小与大，巧与拙，虚与实，冷与热，谐与拗，真与伪，等等。毫无疑问，这些正是华夏之于性命之理解、体悟、把握。

　　且看第十讲"扁舟"。"扁舟作为一个象征物，是艺术家心灵的寄托。它带着艺术家做心灵的远足，驶向那理想中的天国，那里是他精神止泊的地方。摇动这扁舟，是要离开这尘岸，做精神的远足，那是为了应一个遥远的召唤。艺术不是技术，艺术乃安顿心灵之具。中国人将艺术就当作一叶扁舟。"我非常喜欢这个比喻。而《曲院风荷》，很精到地把握了这"一叶扁舟"之种种形态，以及内里之蕴含。

　　说"苔痕"："青苔是大地的衣裳，是阴面的使者。它总是在幽暗的古池边，映衬着池的湛然幽深；在森森的古槎旁，包裹着一段难以言说的秘密；在那经年累月流注的溪涧底，清泉滑落，波光闪烁，显现其奇诡和迷离。暗绿的苔痕昭示着'现在'之鲜活，又隐藏着'过去'

之幽深。青苔本身就标示着时间，它代'过去'向'现在'诉说，因为青苔明显带着时间累积性的特征，又将'现在'置于'过去'的背景之上。青苔沟通了过去和现在，并诉说着永恒。"有谁不识王维"返景入深林，复照青苔上"？诗的奥妙，就在这一段话里了。

更为深刻地阐释中国文化的一段文字是关于华夏艺术中的"枯"："中国艺术家将衰朽和新生残酷地置于一体，除了突显生命的顽强和不可战胜之外，还在于传达一种永恒的哲思。打破时间的秩序，使得亘古的永恒就在此在的鲜活中呈现。古是古拙苍莽，秀是鲜嫩秀丽，古记述的是衰朽，秀记述的是新生。古是无限绵长的过去，秀是当下即在的此刻。似嫩而苍，似苍而嫩，将短暂的瞬间揉入绵长的过去，此刻即过去，也即无此刻无过去。同时，在苍古之中寓以秀丽，秀丽一点，苍莽漫山，一点精灵引领，由花而非花，由时而非时；由我眼而引入法眼，念念无住，在在无心。这正是中国艺术最精微的所在。"

《曲院风荷》可谓文采飞扬，以此出人意表。论及造园艺术有隔、抑、曲诸法时，写道："抑景真正可以说是在玩欲露还藏的游戏。中国很多园林进门处都不畅通，往往总是横出障碍。这都是抑景。然而抑制是为了放，障碍的目的在于开。其命意正在柳暗花明处，曲径通幽处，别有洞天处。一抑，使景物暂时出现空白，犹如发箭时回拉；一放，则如手松箭发，在一片空白中映出最盎然的生机。"这段话，"发箭时回拉"比喻极精到，"一片空白中映出最盎然生机"又恰是把王羲之"虚处藏神"之精妙显出来。读到此处，简直将我"定"在这"一片空白中"，不由自主地去感受"最盎然生机"。此书文字，实有一份魅力。我"定"住之后，回过神来，思绪飞驰。

曲、直之别，乃动、静之异。曲是静者之动，直为动者之动。动者，以动为形态，以动为命脉。其动，重力量、效率，直截了当、干脆利落、简洁明了、雷霆万钧、开拓进取、摧枯拉朽。如此，毁灭遂与创造随行。静者主静也求动。无动，便是死寂。然而，静者之动不能过，过则自毁。动就得有分寸、合节度。曲着动，是最切当的、最高明的动之形态、力道、规模、节奏。这是寓静于动、动不离静。曲，毋宁是静的流动形态，是静的极致形态。生生不息于曲。

曲、直之异，延为势、力之异。直之动，赖力，动力。曲之动，在于蕴势于内，为不显之力，蓄力成势。古文章法，讲究"词断意连"，唯在"其势未了"。这就显出势、力相别了。造势，成为中国式策略；运力，乃是西方式手段。

书中引张旭一妙语，谓狂草之态乃"将奔未驰"。此，势之绝状也。

曲直问题，深处实为有限与无限问题。若求突破有限以达无限，便是一味着力，唯恐乏力。力不能脱。突破与创新也就紧密勾连了。若将无限寓于有限，只在有限中趋无限，便可迂回婉转、千折百转，顺势、借势，势来不挡、势去不遏。势亦可逝。

这毋宁说是性命、文明之关键。

曲院風荷

朱良志 著

中華書局

音生天地

满卷风雅皆韶乐，一声千古识神州

    我识浅，竟以为最能够添读者一分风雅的书，莫过于此；最能够领读者博览者，亦在于此。

    这么一本书，人民音乐出版社刊布于昨日般的 2016 年，捧在手上它却仿佛来自久远的年代。书的每一处，都让人觉得古旧。而无尽风雅，就含在这古旧中。非得这份古旧，才衬得古乐。灰黑封面上，"古乐之美"四字，手书、烫金，似要传递青铜气韵。右上与左下，乍看以为是斑点，有如沾了黄泥巴。大抵是要应和书中一句，"没有从天而降的钟鼓之乐。一切由大地而生，脱胎于浑浑泥土"。诚然。

    正文用纸同样色浅黄。序和引子，则以灰色为底，黄色人物、纹样相饰，版式出挑。每一样乐器，都绘出图案，并配以文字说明。绘图在老旧的毛边纸上，配文则是手写正体汉字。单这一项，便让人领略"古乐之美"。绘图共六十幅，可见作者用心。正文八卷，卷首皆为金黄色，端庄典雅。紧随的，或为历代名画，如《韩熙载夜宴图》，或为古代乐谱，如清吴浔源《棠湖埙谱》。古意盎然。

泓月女士，苏氏。我毫无理由地认定，这本书，就得出自一个叫苏泓月的女子。她笔下的每一样乐器，恰如月升月落、月盈月亏，在历史的天空中变幻，又是云雨无常。她也不时由月说乐。金石之器里，磬"远看像弯月"；至于埙，"深夜静，可听埙。若见望远山，知悬崖绝壁，有行人独立，哀而不绝向缺月传音"。这女子，静雅、从容，专注、博识，执着而洒脱，坚毅复随性。她像是从汉代来，也像是从宋代来，决意在这个时代的浮躁、鄙陋中，亲奉一册考究而朴素、简约复饱满的大书。她更像是来自八千年前的贾湖，款款而行，手拈一支骨龠。轻轻一抖，骨龠展开成长卷。

这是一部中国古乐器大全，依着《周礼》八音：

卷一，金音汤汤。"金声冲容，秋分之音，莫尚于钟"

卷二，灵石仪磬。"石声温润，立冬之音，莫尚于磬"

卷三，旷土远音。"土声函胡，立秋之音，埙缶系焉"

卷四，革鼓雷灵。"革声隆大，冬至之音，鼗鼓系焉"

卷五，丝弦清波。"丝声纤微，夏至之音，莫尚于琴瑟"

卷六，万木云深。"木声无余，立夏之音，柷敔系焉"

卷七，匏声凤音。"匏声崇聚，立春之音，笙竽系焉"

卷八，竹雅清风。"竹声清越，春分之音，莫尚于管龠"

正如序中所言，这本书使古代乐器"如魔影般出现"，其"栩栩如生，穿越数千年的空间，带着古战场或宫廷雅士或街巷平民的气息奏出声音。这本书很容易读，是所有专业音乐人士或爱音乐的人都值得留在手边的一本书。书里的资料丰富，把中国打击乐、弹拨乐、吹奏乐的来龙去脉一笔画尽。跨越时空的解译和调侃，使读者一下进入到这个宏大复杂的声音历史"。

即便无关音乐，这一册《古乐之美》也同样值得细读。它在"把中国乐器的漂泊史为读者清晰展现"之时，也汇入人事沉浮、世情无常、族群交融，更经意或不经意地引读者领悟华夏的文化取向、审美意象，时见精微奥义。当这是一部着落在乐器上的中国文化史乃至中国历史，实不为过。随着乐器，读者能读到众多诗词歌赋。例如"画堂檀板秋拍碎"一章，也许都算得上檀板诗集了。作者更说道："杜牧这句诗，将檀板写到了天末远风的意境。"读者还能从书中知道，一些再熟悉不过的成语，竟然直接出自古乐，如一锤定音、参差不齐、戛然而止等。

今人于丝弦之乐，筝是不陌生的。陌生的大概是，"先秦的筝带着纯朴的乡土气，像狂野的孩子。汉魏六朝的筝经过了高雅旷放的洗礼，隋唐则经历了富丽堂皇的盛景，焕发新贵的光彩。等到了宋元，变得风姿绰约"。

相比之下，瑟，难见真身了，几乎只留下"琴瑟和鸣"的意象，引有心人遥想。卷五第三章说瑟，简直要让人如痴如醉："当我们静观古瑟时，发现它从外形传达的气息上感受，似乎是两个极端。简饰的素瑟如古琴，安静中透出庄敬；当楚人以上天入地的想象为瑟绘上繁丽如锦的图纹时，瑟便披上狂热、浪漫锦衣，绚美迷人，像一首激扬的颂歌。"书中很长篇幅描绘楚瑟之美轮美奂，其中：两千五百年前的一张锦瑟，"由一整块木斫成，长度为两百一十厘米，宽三十八厘米，通身髹朱色漆，施以黑漆彩绘，从首至尾，面板、两侧，均布满了饕餮纹、蟠虺纹、龙纹、凤纹、鸟纹和禽纹，兼以几何纹、勾连雷纹为饰。其中龙凤为异首连体，也有二龙相交及四龙首尾相接而成的二方连续纹样。并且在瑟尾，以浮雕形式雕出龙兽和饕餮纹，三只黑漆瑟枘雕成禽喙状。虽然装饰元素繁多，但整体布局工整合理，描绘甚至精细到动物的眉目。瑟有二十六弦孔，尾部有尾岳三条，首部有首岳一条，及外岳、中岳有十条，中、内岳共八"。不待弹奏，这已经是无与伦比的艺术品了。

至乎瑟的声音，"清素旷远，像深流的静水"。

八音之中，最触动我的是竹与土。竹笛，不知道算不算最为雅俗兼容的乐器？苏东坡诗云，"安得道人携笛去，一声吹裂翠崖冈"；又作《水龙吟》，为咏笛之冠。苏泓月正是用卷八"竹雅清风"来说竹乐。至乎笛声，她竟用了四字，"穿云裂石"。区区竹管，不过由唐代乐人刘系取其内壁薄薄之膜，贴于孔上，增笛音清亮，便有这般穿透力。

土之为乐，今人易闻埙声。却另有一样，缶，着人无限遐想：

往事历历如星辰，盈闪黯灭，升落恒常。陶缶瓦瓷敲起来，声音嗡嗡嘭嘭，可壮怀激烈，可敞达胸臆，有野趣，有禅趣，从诸侯、修士到农夫，一概适之。水盏瓷瓯敲起来，声音叮叮咚咚，有流风回雪之秀美，清扬婉转，妙丽多情，尤其适合闺阁仕女。今人再细赏古人的缶，看见的是古陶的浑厚拙趣，古瓷的儒雅沉静，而古人眼里的鄙俗气，时间给它们增加了历史感和文人气，如同铜器上经久摩挲的厚重包浆。我们就这样看见了许多陌生，文明的转变，情感的疏离，茫漠幽渺。它们经历了逝去，变成永恒。我们正处在繁华，奔向消亡。那年玉手，执箸轻击，慢吟浅唱，音声与花香，在回不来的时空里淡无了，又在怀想的空间里产生新的图像和新的意兴。

竹、土为乐，而有竹、土之乐。最寻常的物件，也能幻化为无尽奥妙之声。这最是《中庸》所言，以至诚之性而尽物之性，因尽物之性乃参赞天之化生、地之养育，依赞天地化育遂与天地并其三。华夏文化中的生命观，在我思想，毋宁就是自觉的自我宇宙化的生命观。吹竹击缶，是也。

今人更为匪夷所思的是，一片树叶，恰成乐器："乐人口衔绿叶，因感生曲，因歌随吟，吹出五音七调，甚至高低强弱不同的十二个音调，音色纯澈明亮，可传至很远地方，吹叶的动作又优雅含蓄。唐代的宫廷燕乐，十部乐的清商乐，便有了吹叶一行。"在街巷之中，"美人吹叶嚼蕊，一千多年前洛阳城里的少女柳枝，她的清雅风姿，在李商隐的笔墨下，随着千古名篇在世间流传"。追溯"远古时代，当先民吹骨哨和骨笛时，便已开始了采叶吹声"。明代官员记录，西南一带"男女吹木叶索偶"。青叶一枚，盎然生机。

乐者，器物、性命、宇宙之融贯也。

泓月女士道，"写这些乐器，仿佛为它们一一立传"，是个"漫长的散记过程"。这确实是一部散文笔调的中国音乐史，更是用文字奉献给读者的一幅又一幅或优美或典雅或飘逸或玄幻的画面。而所言，又每每在音乐之外。音乐之中的人伦与天地，最是苏氏要叙说的。

请看引子中贾湖骨龠的一段：

天风，云波，水浪，松涛，在他唇边，动静相合，汇总成抑扬音调。他的觉知，时而舒展，时而顿止。他对于世界的描绘，全情投入地通过他的气息，以这清远的骨龠声，随机变幻的音调，飘荡在人间。他生活的年代，距今七八千年。他是巫师或首领，是骨龠的制作者与使用者。他下葬时，陪伴在身边的，有那支修补过的骨龠，线绳缠绕过的痕迹还在。先民敬天惜物，敬生死，敬万年不化的情谊，从这支葬器可见。黄土之下，只存枯骨，却胜过世上万千鲜活生命。

后来说到铜鼓，"在鼓腹中间，有一原始人面，与人面下方铺陈的饕餮纹和周边环绕的云纹相比，它实在是简陋粗糙。但是这个人面传递的讯息是，人们已经由纯粹神兽图腾的崇拜时代走出来，认识到了自己的存在，拥有了在天地间立足的尊严"。然而，随时间下行，"韩熙载击鼓的神情，似悲秋，寂寞彻骨。德明和尚默默行起的叉手礼，是为韩公的忧怀祈祷，又为即将覆灭的南唐而悼。世间浮华，皆虚妄。人欲不息，纷争无止。回望大唐初兴，贞观始治。那时候的鼓音，如激风厉喝，怒涛拍岸，雷雷战鼓，敲起来凛然震天，是《秦王破阵乐》"。

她深悉乐中幽微："远古先民以陶泥为埙，以竹管为篪，音声一个悠远苍凉，一个清越明快，配合得和谐有致。埙沉稳得像兄长，篪如聪慧的贤弟。古语'埙篪之交'，用来形容深厚的手足之情。"

这正是"旷土远音"。土音是大地之声。"人类的原初情感充满蒙稚之趣，来自宽厚温暖的泥土。人们以平和的气息吹响古老的埙，浑沉质朴的音声，仿佛一切任由天意。能通天通地的巫师哗啦啦摇着陶响器，人们逢着欢庆丰收，拍着水瓮，打着酒缸，引吭高歌，鲜活的理想之花便绽开在洪荒大地上。陶土的温厚质朴，埙音的幽远平和，听来绵绵不绝，没有激烈与高亢，有的是徐徐如风，宽广如大地。"

其言乐之雅、俗，"净、清、正、和，此四字应是雅乐初立时的理想，育人心，如培育禾苗。俗乐是动听的，却不能使人抛却妄念，是精神消耗，不是养"。善哉。

说到曲谱，"古来多少琵琶曲，传至今天，经典也就那么些。看似失落在谱子上，实际也失落在心法上。曲谱传给善学之人，如禅宗传法，传的是心法，领会了真义，自然不会失传。曲谱似一线命脉，是个大概轨迹，绝非机械、程式化的复读。须得用心去善养，沿着轨迹，在丝弦上，弹拨自己的心路，传递自己的心法。曲子将历史不愿泯灭的痕迹流传，交予读懂了它的知己，再带着那个人的痕迹，找寻下一个人"。这一段话，思绪万千，安和带着失意，平静复含激昂。

细心的读者看出，八音与节气对应，冬至、夏至、春分、秋分、立春、立夏、立秋、立冬。这是泓月女士灵光闪现，或随心所欲，还是由来有自？

原来，"古人定音律，取宜阳金门山的竹子为管，十二支，长九寸。九是阳数之极，短约四寸三分。竹管内填满河内葭草烧成的灰，以竹膜封口，埋在地下。竹管的上端与地面平齐，用布幔遮蔽四周，外面筑室，紧闭门户，好接候地气。等地下阳气生出，第一支九寸竹管里的灰，受上涌的地气冲出竹管，发出'嗡'的声响。此声名曰'黄钟'。此时为子时，节气为冬至。然后，每月地气至，律管中依次葭灰飞出，得到其余十一律，与节气应合。由于一律为半个音，奇数的半音称'律'，偶数的半音称'吕'，统称'十二律吕'，便有了'律吕调阳'一说。人们从竹管中发现了顺接地气的自然奥秘，由此定下与天地和谐的标准音，感知且记录节气"。就这"数个小孔，排列起来端正威仪，一孔洞开乾坤，一音包含天地。说相思、道离别，家国悲愁、虚空法门，竹音里包含了人世间的一切"。

"自先民发现'律吕调阳'的自然规律以来，管乐制律，顺节气、调阴阳，吹奏乐器自始强调人的气息与自然之气相合、相应，抒发内在精神。无论单管还是编管，人的生命观，人的喜怒哀乐，人的精神本我，通过人的呼吸吐纳，生命不息的微波注入吹孔，经过竹管，化成音声，在辽阔天地间回荡。气不息，生命不息。"

此处不妨另备一说。今人周汝昌析解《千字文》，以为其中"律吕调阳"文意上应为"律召调阳"，大概是书家错笔成了"律吕调阳"，讹传千多年。

时人于"天籁之音"一语，耳熟能详。如何理解？籁，意为孔、穴。所谓万籁寂静。可是，天何来"籁"？古人如何明了天有其籁而人得其音？这个竹管入地、葭灰节气的记载，大抵就是天籁之音所来吧。若非古人，今人断难体悟天籁之音，并将生命应和于天籁之音。

想来，这天籁之音，并非天由星移斗转所独成，也赖地之吸纳阴阳以潜存。天籁之音，天地之音也。音生天地，乐成教化。教化之外、教化之上，乃是生命安顿。然则，人世沧桑，"多少绝响，不复重来"。

苏氏自承心曲，"时空轮转到今天，万物历经劫毁，新生更替，多少绝响，不复重来。作此书，以追怀"。

盼读者诸君，"借此书，以追怀"。

古樂之美

苏泓月／著

人民音乐出版社

行云流水

华夏的宗教与音乐

音乐家田青描述洞箫专场音乐会：

身披族徽的日本箫家，低头缓步走到舞台中央，坐下，静默着。全场观众随着静静等待，等待一件即将来临的大事。过了长或短的不知多久，箫家吹出一道声音。这声音，呜咽着，仿佛来自辽远的时间深处，把那亘古即在的苍凉和温暖送到每个观众的心中。

田青笔下，箫家了不得。一道声音能引人至辽远的时间深处，又并蓄亘古之苍凉与温暖。我眼里，田青也了不得，足称箫家知音，更解天地之蕴。这便难怪白居易诗云，"一声来耳里，万事离心中"。这一来一离，已是禅境。孟郊更于《听琴》谓，"学道三十年，未免忧死生。闻弹一夜中，会尽天地情"。诗家之言，果其然乎？那就随田青走一趟，回溯中国文化的元典时代。

田青的描述，在《禅与乐》，文化艺术出版社 2012 年刊布。田青的主旨，在弁言结束时："当今中国音乐发展中暴露出的主要问题，是背离了中国传统音乐的本性和传承，丢弃了中国传统音乐中曾经蕴含着的禅意，盲目、全面地照搬西方音乐的一切。只有在透彻了解中国音乐与禅近似的本质之后，只有在重新忆起禅和禅宗曾经深刻影响中国音乐的发展历程之后，我们才能找回中国音乐独特的意境。而只有深具禅意的音乐，才能在国际乐坛上彰显华夏独特的乐风。"

读者若是起了极大的好奇于禅与乐，那么弁言之后不妨直接从第五章接着读。这一章最有趣，满满的故事，把乐中禅、禅里乐说得生动、风雅。本章题为"禅者：在山水与音乐中"。单这几字，便明其意：禅者，亦乐者，悦于山水与音乐。田青说，"从中国传统音乐的内容上，世界上没有一个国家的音乐像中国传统音乐这样有着如此众多的以表现大自然为母题的乐曲……在西方，自然作为艺术的母题，要等到启蒙主义思想家提倡返回自然和浪漫主义勃兴之后"。单就古琴曲，他感慨，"我不知道在世界音乐史上，还可以有哪一件乐器的独奏曲中有如此众多的经典作品是表现自然，表现人与自然的关系，表现人对自然的欣赏陶醉，表现大自然的无穷魅力和人的自然属性的"。琴音中的大自然，寂静、清幽、阔远、空灵，"看不到山呼海啸、风卷云翻的壮阔景象"。琴的这般意境，极有意味，实在可以无穷地品味。

田青在第五章向读者展开一幅人物谱，起于两晋，文人与僧人，向佛的文人与身具人文素养的僧人，交相辉映。谢安、支遁、慧远、嵇康、阮籍、王维、白居易、苏东坡，再细细道来"一个特殊的音乐家群体"琴僧。跃然纸上，是鲜活生命；字里行间，乃山水、清音。这实在也是一套引人入胜的画卷。他们使音乐臻于化境，而音乐又使他们的生命融汇于天地。别有妙趣的是陶潜，"不会琴又怎么办呢"？《宋书·陶潜传》曰，"潜不解音声，而蓄素琴一张，无弦。每有酒适，辄抚弄以寄其意"。这情景，似可远追庄子，近则应和王徽之、桓子野邂逅道途以笛声相知却不着一语。乐之迷人，一致于可以无音矣？

　　想必田青的画卷会引来更大的好奇，中国传统音乐到底有何奥妙？这奥妙又如何与禅、禅宗、禅意相关联？那就返回来，依次读第二、三、四章。第二章《白马东来》，先以不足十页的两节简要叙述佛教东传和禅宗历史。熟悉中国佛教史的读者，可以略过这两节；殊少了解禅门由来的读者，能从中得个大概，添了识见。第三节堪为《禅与乐》全书重点之一，《禅宗影响下的中国传统文化与中国音乐》。录其要于此，以便利读者明了：

　　在美学层次，禅宗思想与道家思想、儒家思想一道，塑造了中国音乐的一切美学特征；

　　为中国固有音乐提供了新的物质材料与新的形式；

　　作为音乐家的佛教徒为中国音乐的繁荣所作创造；

　　以庙会的形式为中国广大民众提供了一个大众性的娱乐场合；

　　由于宗教独特的保守性和其对传统的特殊尊重，寺庙成为保存中国传统文化的"冰箱"。

　　须得有个说明。禅，既说的是中国佛教的一个宗派，也指佛教的那份意味，即禅意。读者似应不限于禅宗来理解禅。田青之言便是，"禅作为一种哲学、一种思维方式、一种生活态度，无疑是世界上最具宗教性的思想体系；而禅宗作为一种信仰、一种修行方式、一种佛教宗派，无疑也是世界上所有宗教中最灵活、最具世俗性的宗教"。

第三章、第四章无疑是《禅与乐》最有分量的两章。第三章讨论"禅与乐的相似性"。这个角度，堪称关键，也极诱人。田青的要义，即在标题，"活泼的禅心与流动的音符"。他说：

在所有艺术中，音乐是最不具备物质性的艺术。它所借用的"物质"手段，不但与绘画、雕塑、建筑不同，是看不见摸不着的，而且，构成音乐的基本材料音阶、调式、调性等等，也完全是人类抽象的结果，在大自然中本不存在。而在佛教的所有宗派中，禅宗的非物质性也是最明显的。一句"不立文字"，道尽了音乐与禅的相似……禅与音乐，都是人对宇宙、对人生的把握。禅是叫人明心见性，洞彻宇宙、人生的真谛；音乐是将声音生命化，用有意味的声音形式去表现人对宇宙、人生的种种感受。禅是洞彻生命的哲学，音乐是表现生命的艺术。

这就注定会有第四章《禅风乐韵》紧随。首先是"单旋律中的禅意"，中国音乐以简约，乃至极简，与明心见性契合。这个部分，读者可以获得关于中国音乐的真知灼见。田青写道：

中国音乐的特质之一，是中国音乐的线性思维，亦即单音性。它就像中国人的黄皮肤黑头发一样，是中国音乐区别于其他音乐的本质特征。它是在长期的传播使用中形成的，它本身便是一种文化，一种不容变易不容混淆的文化。

用简约的精神来代替并纠正儒家思想对中国传统音乐的束缚，是禅宗对中国传统音乐相当重要的贡献。一旦沐浴到禅宗法雨甘露的中国音乐，不能不在禅宗锐利的思想锋芒下有所改变。中国音乐的简约之风，是与唐代禅宗的兴盛同步发展的。从中国传统音乐的节奏与旋律中，不难看出中国音乐受到禅宗简约之风影响的深度与广度。

作曲家赵晓声在《中国音乐与东方美学》一文中，另行解说中国音乐的简约特质："从句法或语法上看，中国音乐只有短句而无真正意义上的、能与瓦格纳或拉赫玛尼诺夫或马勒那些几十乃至上百小节的乐句相似的长句。从这一层意义上说，中国音乐的大结构，是由无数简练短句所构成。戏曲唱腔中的长句在音乐上也是由若干短句所构成。绵延无终的漫长句型不符合中国音乐的结构原则。"在我看来，这说的，岂止于中国音乐，也是中国人的文章法则，还是中国人的口语形态。

说到中西之异，再看田青之见："在多声思维和器乐的合奏方式上，禅影响下的中国音乐与在人本主义哲学和个人主义思想影响下的西方音乐，也有着很大的差异。在多件乐器合奏时，中国传统音乐是同中求异，而西方音乐是异中求同。中国传统的合奏曲讲究的是不同的音色在同一旋律中的交融消长；西方多声音乐讲究的是不同声部不同旋律的对比竞争。中国音乐用绵绵不断的'横'的线条追求'和'的境界，西方音乐在一个又一个'竖'的异音并作中表现生命中最闪光的瞬间。"田青把握乐中的世风、世相及东西互异，一语中的。

　　中国音乐之简约，又绝非简单、简易、简化。唯在其重韵。田青指出，"中国音乐重韵味、轻技术的倾向，可以视为禅宗顿门影响下的结果。受西方音乐教育的人，可能会认为只有复杂的、多声的、交响性的音乐才有丰富的表现力。但是，受禅思想影响的中国音乐家们却在单声音乐的基础上充分强调韵的表现力，使中国音乐成为一种以最少的音符表达了最丰富内容的音乐"。

　　音乐之韵，最是"不落言筌"。所以，"在西方古典音乐中，一般来说，一首没有固定节奏节拍的乐曲是无法演奏的。但在中国音乐中，这种靠心来体悟的，无法言说，无法用节奏符号标明节拍的'无'节奏的节奏，却充分释放着中国音乐家们出众的音乐才华和表现力。毋庸置疑，只有在产生了思想上无比自由的、脱却了一切外部形式束缚的禅的民族，才可能产生出同样如此自由的、脱却了节奏束缚的、在空灵散淡的音的流动中体现美的音乐。禅对心的特殊观照，对内的彻底探求，是造成中国音乐含蓄内在，即使在节奏中也要体现羚羊挂角无迹可寻的神秘感的原因"。

　　我所建议的这个倒读顺序，可算于中国音乐、乐之与禅，由表及里。接着再来一番犹如溯源的功夫，看看怎样。这下要建议的是，读第一章《中国人的宗教观和音乐观》。这是田青为其主题整理基础。百多年来，欧风美雨中，如何看待、理解中国文化中的宗教，迭见歧义。田青果真是于华夏文化之脉搏把得准，至少是八九不离十。他注意到华夏文化重生的取向，关注的是现世。这就迥然有别于信奉独一真神的宗教。我把中国文化中的宗教，认定为弱宗教，即带有明显的、极强的世俗色彩，甚至宗教意识淡到近于无，却又不是真的无。到两千年前佛法东传时，正补了中国原生文化的某些空白，那就是如何摆脱生死之困扰，使中国人从"忧生死"到"了生死"。中国原生文化在弱宗教的另一面，田青断为"伟大的礼乐之邦"。这个伟大的礼乐传统，起自黄帝的《云门》、尧的《咸池》、舜的《九韶》，延至周的《大武》。到了两千五百年前，由编钟所产生和表明的"极美妙的金石之声、可敲出两个谐和音的双音钟、达三个半八度的半音阶排列的完整音列、十二律在实践中的应用以及旋宫转调的实践和理论"，已是人类音乐艺术的极高成就。"欧洲古典音乐真正的发展"，比这晚了两千多年。

再由中国元典时代下行，由源而流，到第六章《禅曲探珠》。田青选取六首今人尚能浸润其中的禅乐，《普庵咒》《那罗法曲》《江河水》《南音》《行道章》和《行云流水》，特向读者推荐。如今只保留在闽南的南音，田青以为是"世界上最慢、最绵长的音乐"。"一纸相思写不尽"七个字，"竟然要唱整整九分钟"。"这七个字，是柔肠百转，哀婉入神；这九分钟，是跌宕起伏，回肠荡气"。田青以之为华夏正音。而《行道章》，也完全符合唐大曲的曲式。其奏起时，"九天之下，大地之上，似乎只有《行道章》雷霆般轰鸣疾驰的音乐。当音乐狂奔到终点无法再前进一步时，便戛然而止。刹那点睛的空白之后，长引一声，在结束这首伟大乐曲的同时，印证了白居易描写的唐大曲，'繁音急节十二遍，跳珠撼玉何铿铮。翔鸾舞了却收翅，唳鹤曲终长引声'"。

原书是附了这六首曲子的光碟的。最该如此，更是田青周全于读者。2012年夏季我第一次从厦门大学图书馆借出新书时，这张碟是随书的。待我为写作本文于2017年末再次从图书馆借阅，只有纸本了。

禅

与乐

田青◎著

文化藝術出版社

青铜熠熠

冶金术的东方调式

青铜是个大话题。

在西方，青铜器与文字并列为文明的标识，人类的历程由此告别"野蛮"、脱离"原始"。当然，这个通行的说法需要重新辨析，尤其基于华夏文明。此处按下。在华夏，西周的青铜器皿何尊上有铭文"宅兹中国"，这是最早可见的"中国"一语。单此一项，即可见青铜如何牵连着中国人的精神世界，远非物质层面的器具。夏商周三代之为"青铜时代"，乃是青铜铸就"国之重器"，其中青铜鼎为最，竟至为神州之指代、隐喻，既有"禹铸九鼎"之传，复有"泗水捞鼎"之讹。这几十年、近百年里，华夏大地迭现熠熠生辉的青铜器，光彩夺目而目不暇接，震惊世人遂令人深思。因此之故，觊觎、染指者多，盗卖、私藏者众。国之重器，流失海外，神州失色，华夏黯然。

吾人身为华夏后裔，自当略知青铜二一。各式读本中，《杜迺松说青铜器与铭文》，最适宜一般读者。上海辞书出版社 2012 年版，为"大师说器"丛书之一。杜氏此书，一则以普及本而带有学术著作之格调，例如列有相关研究与考证文献，也能提示读者诸家异见。可谓不失青铜之庄重。二则既说青铜器物，复言青铜文字，无负"文物"二字。我以为，这是杜氏此书最胜过他人同类著述之处。说中国青铜，若是见器物不见铭文，简直"一文不值"。三则配图得当，既便利读者直观各式青铜器具及铭文，又不至以图害文。虽然"图文并茂"颇可称道，却容易诱使读者以图代文。这一点，本是著者、编辑、读者须得各自把握分寸的。

青铜话题之大，包含中国青铜冶铸是否由西亚传来，按西学则关乎华夏文明是否为独立起源、成熟的原生文明。说及中国青铜，这便是个首先需要厘清的问题。杜迺松指出，"甘肃东乡林家马家窑文化和甘肃永登连城马厂文化出土的用单范铸成的两件青铜刀，是目前发现的最早的两件青铜制品，表明至少在公元前 3000 年至公元前 2300 年间，在中国已出现了青铜器物。中国青铜文明的产生，并不比世界上其他几个文明古国晚"。"综观这些文明古国，如古代埃及、两河流域、古代印度，大约在公元前 4000 年左右进入到铜石并用时代，公元前 2500 年左右进入到青铜时代"。

除了时间相当，铸造技法也可以说明中国青铜器并非西人所在意的"文化传播"的结果。"中国古代青铜器的制作采取的工艺方法主要是陶范法，另外还有石范法。春秋以后又对复杂的器物采用了失蜡法，发明了分铸法，以及错金银和镏金等工艺"。陶范法分了单范和合范两种，也是青铜铸造的两个阶段。复杂的器形只有采用合范法才能够铸造。著名的司母戊大方鼎，总共使用了陶范二十四块。这显然要求极高超的技艺以达于严丝合缝之境，也显然要求社会组织结构达到很高的水准。华夏的青铜工艺，不仅造就了青铜器之精美绝伦，也是中国青铜区别于古埃及、苏美尔之所在。西方学者所断言的中国青铜西传自西亚，就制作技艺而言，实不足信。

与三代的礼乐制度相关联的是，"种类繁多的大量青铜礼乐之器，这一特点是其他文明古国所不具备的"。大体说来，中国青铜器主要不作为兵器和农具，而是用于在庙堂之上体现威仪、庄重、肃穆、典雅。张光直说得直截了当，"从本质上说，中国古代青铜器等于中国古代政治权力的工具"。可惜，杜氏未曾就此条分缕析，将礼器与乐器做个基本罗列。乐器相对简单，器形也少。钟是读者较为熟悉的，也是主要的乐器，甚至苏泓月认为"青铜乐器钟为本"。"钟鸣鼎食"，大概能够体现这一点。钟按形制有甬钟、钮钟、镈钟。其他青铜乐器是铃、铙、钲、铎、铜鼓。顺便一说，锣是很晚才出现的，与青铜时代无关。

鼎为礼器之首，地位显赫。故而杜氏用了很大篇幅依据铭文谈鼎的不同名称、用途、器形，也辨析了一些不称为鼎的鼎。非得他这样的学养、识见，才做得到。若说礼器器形繁多，让人眼花缭乱，实不为过。要想详尽又直观地了解繁多礼器以使自己真的眼花缭乱的读者，可以读另一本浅浅介绍中国青铜器的书，《读懂中国青铜器——文化、形式、功能与图案》，译林出版社 2016 年版。作者戴克成（Christian Deydier），法兰西人士，既是收藏家与古董商，也是青铜器、金银器领域的资深研究者。此书当得起"图文并茂"。想省事的读者，舍杜迺松，取戴克成，也好。这是不登堂入室，只在青铜殿堂之外观望一回。聊胜于无。

说礼乐，最让人想到的是"礼别乐同"。礼区别、固化人的角色、身份、等级，谓之"差序有等"。这容易造成隔阂、敌对、分裂，乐则起调和、融通、协合作用。所以，礼乐之别，又是礼乐之同。隐含在礼乐中的，毋宁是节度、分寸。

例如，有一种器形称为禁。供奉祖先、祭祀天地或宴飨宾客时，常把酒具置于青铜案上。这种案形青铜器就是禁。古人云，"名之为禁者，因为鉴戒也"。这是周人吸取殷商好饮无度、奢靡颓废之教训，而着意强调饮酒节度。易言之，青铜酒器禁，体现的正是礼之为节的意义。据礼有节，因礼得节。今人赵汀阳解释礼乐制度，认为是赋予生活细节以神性，而这一份神性并不来自神，唯出于生活本身的严肃。此可谓得其真味。若不承认生活本身的严肃，便易放浪形骸、粗俗鄙陋。要是将生活的严肃着落于玄幻的神，必定鄙弃世俗生命固有之意义。这便不免是两种生命极端，纵欲与禁欲。礼乐固然使人有所拘束，固然泛为繁文缛节，却是在两种极端的生命形态之间取其中，以求不偏不倚。

青铜以器形极具审美价值，器形堪为典章法度之载体，制度之中内含三代的精神世界。而这精神世界，更在青铜器上的文字里。这类与甲骨文沿革的文字，称钟鼎文、金铭文、铭文、金文。杜迺松显然是有意让读者于此多些了解。以杜氏之见，青铜器上的文字，于今人意味着什么？

铭文可为史料，从中可知悉商周时期的史实，诸如祭祀、天命、德政、训诰、征伐、赏赐、田猎、职官等。若说青铜器乃是权力之彰显，那么其上之铭文更可视为权力技术。及至"西周铜器有很多都带有长铭。应当说，这时是以文字为主，器物为辅"。著名的毛公鼎近五百字，"实可相当《尚书》一篇"。杜氏没有提到春秋之际"铸刑鼎"。不知何故。

铭文可用于校正古籍，辨识历经传写刊刻的古籍所难免之差错，甚至可以甄别后人的伪作。

铭文又是汉字演化的一个阶段，其字体称为大篆，或称籀文，其前为甲文，其后为小篆。若没有了铭文，汉字三千多年的历史就不完整了。易言之，青铜铭文是华夏文字史所不可缺者。

书体与书写，既密切相关，又两相分离。基于书体又游离书体的书写，成了汉字独有的书法。这在铭文上也是多姿多彩而异彩纷呈。爱好书法的读者，大抵不容错过书中《商周金文书法》一节。汉字书体的连续和书写的连续，在杜氏的生动描述中清晰呈现。其中更谈道，"江淮一带剑、戈等武器，常饰有曲饶盘旋的鸟虫书。鸟虫书是一种美术字，从中可以看出先人在书法艺术上的追求与创造。晋国栾书缶在器表上饰有四十个光彩夺目的错金书。这是书法艺术史上的杰作"。我读杜氏此书，最畅快的，便在他谈论金文书体与书写的这部分。杜氏笔触堪称细腻，用词极其优美，令我遥想三千年前的那份丰采。

此书略为不足的是结构有些散乱，条理不甚清晰。虽然作者自承，应上海辞书出版社之特邀而编写此书，我读来感觉似乎更偏向于口述成文，致使少了点前后关联、文题吻合之斟酌。例如说"青铜器四大价值"，所及仅历史、艺术、科学三者。借个老话来评断本书，是"瑕不掩瑜"。

他这个散，又散得如数家珍般信口道来。华夏大地广袤的东南西北，三代至秦汉历两千多年，今人相继取出先人藏珍的青铜，杜迺松了如指掌，又向读者挥手指点。有心读这一册"散文"的读者，就当是随杜氏一通走读。九万里神州上，读回三千多年。

杜氏此前另有一册《中国青铜器》，中央编译出版社 2008 年版，为中国文物学会专家委员会主编的"文物名家大讲堂"丛书之一。此书胜在条理清晰，易于阅读，然而配图有喧宾夺主之嫌，内容相较而言明显单薄。读者尽可自行取舍。

大师
说器

杜迺松说
青铜器与铭文

⊙杜迺松 著

上海 辞书出版社

泥陶遥遥

器所本，道之原

　　中国国家博物馆展示中国历史、文化，以一个残片修复的陶罐起始。估计，少有人在馆内琳琅满目的陈列中多一分注意于这个陶罐。它不耀眼，却超过一万年，可享陶祖之尊。其出自鄱阳湖之东，地称万年县大源村。恰切，巧合。

　　厦门大学图书馆架上，有一本仅157页的薄书，还是小开本，极其不显眼。我数次借阅中不免遐想，它像是孤寂、清冷中与京城里的万年古陶遥遥呼应，跨越时空。《考瓶说分——漫话陶瓷史发展的逻辑》，社会科学文献出版社1994年版。这本小得不能再小的书，印数仅一千册。我第一次读完，不由得心中致谢厦门大学图书馆的采编人员。读者若是有心亲览此书，当下怕也不易遇着。我便更得将其智识、沉思传布于读者。庶几助力于作者的心愿，"我将最终以拥抱辩证法（不仅是洋人的，还有我们祖先和民间的）作为我有限一生的终结"，以"唤起和激励更多人的更执着的探索和追求";也是为了我这一本小书增一分成色,不负华夏文明之悠远、精微。

杨熙龄,一个纯粹的学者,令人敬重又惋惜。"士志于道",他终身履践,果毅坚韧。他引柳宗元《瓶赋》,"绠绝身破,何足怨咨。功成事遂,覆于土泥",即是自道心声。杨氏好诗,读诗,写诗;译拜伦、雪莱、弥尔顿、莎士比亚等人诗作及《雪莱政论选》;也评诗,作《美国现代诗歌举隅》《域外诗谈》等。杨氏更攻西方哲学,著述有《奇异的循环——逻辑悖论探析》《理智梦》等。杨氏喜茶,茶饮中窥破瓶之奥秘,借逻辑的眼光,凭哲人之深邃,身历中国士人之艰辛与磨难,酝酿、初稿、二稿,前后近二十年,岁月与心血浓缩于《考瓶说分》的八万字里。因积劳成疾,不克再行修订,甲子之岁的 1989 年,遗著于世。上天竟不假年于斯人,以使其瓶说更隽永、深沉。有言"文章本天成"。莫非,天已假杨氏之笔,尽道天机?

中国文化里,要说众生"日用而不自知"的,那是形而上的道。然则,有一样不过是形而下的器,也属国人"日用而不自知"的。这就是陶,最是"熟悉的陌生"。陶与道,是否有某种通联?这通联中是否有某些玄奥?我们今日之为华夏后裔,不仅习焉不察于道、习焉不察于陶,更于道、陶之幽微、精妙习焉不察?乃至悖道、毁陶而不自知?《考瓶说分》于此近于微言奥义。

杨熙龄就着陶的材质,称制陶及此后的演化为"硅酸盐工艺史",分出几个大的阶段:其一,制作陶器;其二,发明釉陶;其三,瓷器诞生;其四,釉脱离陶瓷胎体独立成为玻璃。"有的古代民族没有发明瓷器,但也从制陶术直接演变出了玻璃制造业,中间也还是经历了釉陶的制作这一阶段。"唯华夏千多年来以瓷为著。今人陶瓷并称，未必知晓陶、瓷之通联与殊异。釉是关键。无釉为陶，上釉则瓷。釉乃是由陶而瓷的中介。今人几乎时刻使用、面对玻璃制品，未必知晓这是与陶瓷紧密关联的釉的另一种姿态，竟然化身为千姿百态。

书中着重叙述瓷史，简明扼要，脉络清晰。制瓷工艺到了明清时期景德镇阶段，"离开古代的陶器是越来越远了，但也越来越近。越来越远，别的不说，仰韶时期的彩陶有哪一个是专供摆设而不实际使用的？越来越近，因为以形制而论，口腹两部分的基本形态固不必说，形制其他部分的萌芽也都可以在仰韶期或龙山期的器物上找到。至于彩绘、划花、刻花等，则无非是彩陶和印纹陶在隔了很长一段时期的素瓷之后的再现。所以我们说从陶到瓷的发展是自己的运动"。

遥远的古陶，不止以青瓷、白瓷、彩瓷为其后裔，"其他硅酸盐工艺的制品"，例如一座几十层的巍峨大厦，"同样是一个原始陶罐的子孙。当然，热水瓶是仰韶彩陶瓶的嫡裔子孙，大厦却是旁支……水泥、砖瓦和玻璃这些硅酸盐工艺制品以外，大厦里还有许多东西，如卫生陶瓷器皿、铺墙的瓷砖、电瓷器材等等，也都是硅酸盐工艺的产品。当然，从制造陶罐开始的硅酸盐工艺现在的产品中有许多早就不是容器了，像电瓷器材、陶瓷刀、光学仪器等等不胜枚举"。再有，制陶催生陶轮，后来的轮子、车子也都算得上陶轮的衍生。甚至建筑和城市也是泥陶之衍化，因为陶是最早的人造空间，建筑与城市不外乎此。故而，今人说起哪怕是冶金术之前的陶，倒也并不"遥遥"，有如日月星辰，定然是我们当下生活所不可缺的一部分。若说泥陶是现代文明的基础，绝无夸大。

说到制陶之后的冶金，"制陶和青铜冶铸同样是'火的艺术'。制陶术为青铜工艺提供了不可缺少的条件。不但炼铜所不可缺少的一千两百度左右的火候是制陶术为青铜冶铸准备好了，就像炼铜的原料孔雀石的发现也和制陶有关。至于炼铜和冶铸铜器所需的坩埚、陶范等设备更不消说是制陶术的直接产物。因此我国的旧籍上往往把'陶铸'二字连称"。这说得言简意赅，"所谓金木水火土，从土里边分出了金"。

如此叙述"陶瓷史的逻辑"，已然暗示读者，陶之为器，器上问道。

杨氏辨析，陶器包含两个方面，质料、形制。黏土这一特定质料决定了能够塑造特定器形，烧制成型的形制反过来控制了质料，使之坚硬、稳固。"形制和质料如此互不相容，又互相成就对方，就是陶瓷工艺发展的根本动力"。书名中的"分"，指陶器所含矛盾，这是最直接的体现。此外，例如瓶腹与瓶口也是如此相互排斥而相辅相成。按一般熟悉的说法，这是一分为二，着落在陶器上的一分为二。进一步说，"制陶术的主要根据就是黏土的二重性：在一定条件下，可以改变其形态，在另一种条件下则又不可以改变形态。黏土的这个二重性仍然是制瓷的一个基本根据，因为高岭土仍是黏土。但是，制瓷除此以外还必须掌握胎釉原料的另一个二重性。色彩和光泽几乎可以千变万化，色彩和光泽几乎可以一成不变。这个二重性也就是瓷器之所以为瓷器而有别于陶器的重要根据"。

然而，这般"一分为二"，乃暗含着三，实则一分为三。这是下一篇的话题了。读者尚请留意。

陶上所含辩证，在我观之，乃是中国文化的关键、本源。阴阳、有无、虚实、动静、往返、生死，皆陶所蕴含。杨氏触及这一扇扇秘门，未及推开。要到后一辈的林少雄，才铺展开这些话题。

林氏著《人文晨曦：中国彩陶的文化解读》，上海文化出版社2001年版。他先是细致厘定陶器与青铜器之关系，除了火与器材，还指出青铜器的器形、纹饰脱胎于陶器，青铜器之用途也直接延续自陶器，一脉相承。至乎青铜器上的礼乐意味，林氏多加辨析，认为"礼、乐在具体操作中的工具，无论是盛玉奉神，还是敲击娱神，在最初都是以食器为具体承载物。这些食器在当时都是陶器。这些陶器承担了沟通天地、人神的重要职能，具备了宗教功能"。

林氏进而辨识从仰韶文化到马家窑文化的彩陶所蕴含的巫术宗教、审美意识、时空观念，也析解陶上的虚实、阴阳、道器和圆性。他更基于华夏史册，以华夏思维，提出"陶器时代"说，力图跳出西学窠臼，补其漏，救其陋。这一番心思，正与我合辙。

要是人类并没有进入使用金属工具的阶段，顶多是通过锻打红铜造出器物，这基本与打造石器一般无二，也就是未发明出冶金术。这倒真如汤因比所愿了。那么，这个技术水准与行动方式的人类，是怎样的呢？西方的历史观里，文字与冶金术之前，人类在"史前"。这样的说法，含了将人类进程断裂开的思维，视历史为跳跃式的。这大抵符合西方历史的实际情形，由此容易造成以偏概全。更糟糕的是，定"史前"为"原始社会"甚至"野蛮社会"。这样的说法，堪为进步史观之大成。这却要造成今人自大，遮蔽历史。这是个大话题，只能按下。

林氏所述，胜在机杼自出，失于严谨不足。那一册《人文晨曦》，该当褒贬参半。

林少雄于中国文化与当代学术另有贡献。他倾心、费力，组成"中国彩陶文化解密丛书"，凡四册，赖上海文化出版社面世。其余为：

程金城：《远古神韵：中国彩陶艺术论纲》。程氏一面探中国艺术之源，以明其流；一面认为彩陶既是艺术，又非艺术，在艺术与非艺术之间，乃不为艺术的艺术。程氏无如作一册艺术发生学的中文版。可喜。

户晓辉：《地母之歌：中国彩陶与岩画的生死母题》。户氏之路径为取西学观照华夏文化原生之初。其以大地为母亲，释死亡为返回子宫，借斑斓璀璨的彩陶印证远古先民的生死观念，进而认定道出于陶。此点足当深思。

蒋书庆：《破译天书：远古彩陶花纹揭秘》。蒋氏凭借中国的天学、易学、甲骨学等，考据与想象结合，最像是跨越六千年对话于陶器时代，向今人释解彩陶花纹乃物候象征、天象记录、数之表达，等等。读之，如游太虚之境。似信非信，亦真亦幻。

有心读这套书，无论如何，是进入一个原本容易以为黯淡的"史前"，意外发现别一番绚烂多姿。仅此，便不妨手捧纸页，身入奇境。这套丛书，我从厦门大学图书馆借阅之后，有意存书。网上只有二手书可购，售价竟然高于原定价不少。可见奇境诱人。好在品相不错，几如新书。顺带说及，添读者小趣。

以上各书，读不到或不想读，也另有建议。尧波：《制陶术的生成》，上海三联书店 2012 年版。作者大学里授业，教学讲义整合成书，"与其说是再现制陶术的历史，不如说是生成制陶术的诗意空间"的诗性表达。"农耕和制陶是应用泥土的两种不同的文明技艺"，轻轻一语，直陈要义。一册在握，古今中外，恣意挥洒。此书最是趣读，配图可见作者素材取舍精准、老到。谁要是读到如痴如醉，也不奇怪。

约百年前，西人安特生受聘于北洋政府，无意开启了西学东渐下的中国考古学。其时，安特生就认为，中国本土文化的代表器物是陶鬲。可惜，这一见解似乎未引起后世学者多大重视，几无回响。如今，陶鬲只归博物馆藏，消退于日用常行。连鬲字，都远非常用。然而，隔与融，意思相反，却同取鬲之象。何以如此？鬲的青铜后裔为鼎，严格说是三足鼎。中国国家博物馆里陈列着青铜鬲，毕竟少见。鼎之足，实；鬲之足，空。陶鬲三足中空，空足与腔体连通。盛水之时，三足之水分隔，又各与腔体中水通连。若问，鬲中水，合耶分耶？惟曰，既分又合，先分后合，不分不合，分合之间。这不就是太极图之具象？这难道是太极图之本原？

也许，道生于陶。陶中淘道，道陶得道。

陶的文明，是母性的文明，是圆润的文明，是涵容的文明，是养育的文明。

若说，陶器的起源也就是中国文明的起源，读者以为然？

若说，陶的意义才真正是人类文明当有之意义，读者以为然？

杨熙龄 著

考瓶说分

——漫话陶瓷史发展的逻辑

社会科学文献出版社

一分为三

吾人传统中的思维方式与世界观，庞朴如是说

《中国文化十一讲》，书名上像是大路货，很容易让人忽略不顾。比起来，"中国文化讲习录"或"中国文化精要"之类的书名，大概更能吸引读者。然而，有一类书，称为"大家小书"。这就是。庞朴七十六岁时在北京大学向研究生讲授中国文化的文字版，由中华书局2008年刊布。一百八十六页，十六万字。观感与手感，都不会让人觉得它有多大分量。

实则，这固然是一册中国文化、中国思想的入门小书，更是一部得以理解中国文化、中国思想之精微、奥义的大书。因为，作者"深入浅出地剖析了中国传统思想文化中阴阳、五行等最基本、最核心的思想观念，生动活泼地展示了作者对中国古代文化的独特看法、新颖创见和独树一帜的研究方法"；"全书系统地勾勒出中国传统文化的内在理路和逻辑，是对中国传统思想文化核心理念做出的最为生动活泼

而又通俗易懂的阐释，也是一部充满个性与智慧的早期中国思想史"。

百年来，中国文化、中国思想这个话题，没有比庞朴先生讲得更好的了。我读书不多。不知道我这么判断，是否委屈了其他论者，更委屈了庞朴先生。但我确定，庞朴先生于近，不愧对这几十年里出土的简牍和文物，那是祖先留给今人的遗馈；于远，不辱没他身上的文化血脉，这才是我们之为我们的紧要所在。

先照录目次，以便读者了解全书的梗概和顺序：

第一讲　太一：万物的源头

第二讲　杂多：从混沌走向有序

第三讲　阴阳：中国哲学的基本范畴

第四讲　五行：中国文化的基本架构

第五讲　说象：无形无状的想象

第六讲　无玄：道家哲学的基本范畴

第七讲　仁义：儒家哲学的基本范畴

第八讲　中庸：古代中国人的核心价值观

第九讲　一分为三：认识世界的另一种方法

第十讲　相马：中国古代的认识论

第十一讲　火历：以大火星为授时标准的一种上古历法

读者是否好奇，为什么从太一说起？为什么以火历停笔？而敏细的读者可能已经看出来了，我取了书中的"一分为三"作为本文的标题。讲中国传统，不该是阴阳或中庸吗？既然舍这二者，又为什么不是太一、无玄？容我细细道来。

常人按其经验，面对的是一个千姿百态、纷繁复杂的世界。是为杂多。千姿百态，带给人审美之满足、选择的余地，否则只是单调、单一。可是纷繁复杂又极易使人眼花缭乱、无所适从，乃至迷失。杂多，既是这个世界的客观情形，又是人于世界的主观感受。如何能不受困于眼花缭乱、无所适从？为此，一应自觉的努力、尝试，正是所谓文化。否则便只是本能。然而，应对杂多，在文化上又如何与太一、阴阳相关联，并可以与之相提并论？

面对庞杂世界，观念上的应对，有两条路径。其一，分门别类。第二讲之所以称"从混沌走向有序"，就是因为以分门别类从思维上回应杂多的客观情形。其结果，是中国文化中的"数类"。庞朴称其为"中国人认识世界的一种方式"，即"把万物放在不同的抽屉里面，每个抽屉里再分为不同的格子"。这就"有序"了。中药铺就是把这个思维的模式延伸为放置药材的套路。而《易》的演卦、早于八卦的六壬，都是数类思维的具体表现。

其二，抽象化约。形形色色、千差万别，是否存在内里的统一，并由此而明了繁杂不过表象、门类无关宏旨？九九归一，便是将万物化约到极致。第一讲为"太一"，我以为不仅是说的"万物的源头"，也是说万物之原、万物之元。源、原、元，是抽象再抽象、化约再化约。在中国文化中，"九九"所归，自然是道。而太一，即是道，是原，更是元。庞朴另行给了读者说法。他从郭店竹简的"太一生水"来说中国思想的独特，尤其是"水反哺太一，是以成天"。令人深思。他并解释"生"有派生、化生两种形态。极富启发。

我设想两个端点，一端为太一，一端为杂多，从太一到杂多，量在增加。这便有了阴阳、五行，即二、五。庞朴分别称为"中国哲学的基本范畴""中国文化的基本架构"。在我看来，阴阳、五行是在从太一到杂多这条线上切出断面所看到的。最接近太一的断面，是阴阳；再离开一点，则是五行。庞朴梳理中国思想史，认为"在夏商周三代，夏代的主要思想是杂多，商代的主要思想是五行，至周代已经有了非常明确的阴阳对立思想。这个观点好像有点匪夷所思，但是文献中的若干蛛丝马迹为我们提供了依据"。易言之，从夏代到商代，将万物化约为五种元素、五种态势、五种动因，相互生、克；进一步化约是在周代，万物不过阴阳两种元素、两种态势、两种动因，也相生互推、彼此消长。我们还应该从中看出另一点，五行、阴阳，都是循环的，非线性的。这恰也是中国文化的意味。

万事万物，在道家，不过无、玄；在儒家，唯须仁、义。庞朴称这二者分别为道家哲学和儒家哲学的"基本范畴"，我以为失于精准，却无力另提说法。归仁义于儒家，读者熟知；称道家断无玄，我亦未见。且看庞朴如何开示我等。

从古文字考据，庞朴认为，仁是"爱的情感"，儒家将仁从东夷族的地域性准则提升为天下的普遍性美德。至于义，通宜，古意乃杀，演变为"杀的理智"。仁、义二字，皆"背后隐藏思想上的变化"。"仁是自然的，侧重于感情的；义是社会的，侧重于理性的。"此说，颇具新意而言之有据。若将阴阳与仁义比照，似可看出相通之处。汉儒董仲舒，以阴、阳类德、刑，看来他深明儒门精义。

庞朴释仁义，是说远山成近景；其解无玄，则启密门显幽径。说到无，常人的第一问大概是，无等于空吗？竟然，无有三义。第一义，先有后无。这便是亡。所谓"亡羊"是也。说某人"贫无立锥之地"，这"无"，也许就是破产、破败后的无。这一义的无，是否定了有。第二义，虚而不无，有而不实。天空、空气，便是。无之古字無，通舞、巫，与神灵关联。这是有而虚之。这一义的无，实际上是有，是无作为有的形态、样式、性征。第三义，绝对的无。《墨经》举例说，"无天陷"，天不会塌下来，这就是绝对的无。庞朴引《说文解字》说"无"的"通于元者，虚无道也"，解释为："无的字形，就是把元字的一撇往上通。元的本意是开始，从开始的地方往上通，就到了开始的开始，即虚无或道的地方"。这个无，才真正是道家的无。西学里的"大爆炸前"，大概含了这意思。我读到这一部分，极之畅快。愿读者亦然。而玄之解，畅快依然。

玄之语义有三，黑色、莫测、天道。庞朴据古文字，以及出土的五千年前的屈家岭纺锤，认为玄原初指的是漩涡，表示水，并显示水的神秘与神圣。由此，玄从具象的漩涡，成为抽象的"众妙之门的漩涡"。他说，"中华民族的传统纹样中有一种涡纹，就是图案化了的漩涡或玄字"。熟悉屈家岭纺锤同时期的彩陶纹样的读者，大概很容易同意这个说法。至于太极图，"所包含的对立同一、运动发展的思想，应该古已有之。而它真正成为图形，恐怕是从屈家岭那儿一步步走过来的"。我想，此处换个说法更合适。"从屈家岭那个时期"，或者说华夏文明的彩陶时期。

可确定者，正是无玄、仁义，使佛法东传后儒、释、道得以"一体"而融贯，并催生中国思想再造于宋代。这是另外的大话题了。

我们姑且认为，人的本质是仁义，物的本质是无玄。那么，诸如仁义、无玄这样的言辞，究竟能否描述事物的本质？这是第五讲"说象"的主题，中国文化中的"言意之辩"。这个主题中包含的命题包括：言能尽意，言不尽意，得意妄言，立象尽意。此处又涉及象的问题。到了这个时候，探究的便不是万事万物如何如何了，而是人自己的精神活动如何理解、把握了。东西方文化之间，既在万事万物如何如何上有迥然不同的理论体系，也在人自己的精神活动如何与为何上分异明显。有兴趣的读者，接着庞朴的简要讲述，可再去读一读《意象探源》。汪裕雄著，人民出版社 2013 年版。

说象算是释解人的精神活动的表达方式，第十讲"相马"，更是直接讨论人的认识活动本身。庞朴借伯乐及其同行们的相互不同，阐明中国文化所理解的"认识的三境界"。

其一，有无之境，"见马之一征"，即根据马的征象去发现马的本质。

其二，无无之境，"得其精而忘其粗"，超越了马的形象，直接看到马的本质。

其三，无有之境，即伯乐之境，既得到马的本质，又回到马的形象。也就是并不舍弃马的形象。

这三层境界，大体就是后来宋僧唯信看山看水的三境界说。中国文化用一个词精妙表达：悟。庄子《人世间》所言"心斋"是也。

于农耕的华夏而言，相马可以无足轻重，观天以知其象，天象，才是真正重要的，乃至为我们文明之关键。不知天时，便不得地利；无天时地利，便不得人和。历法，既是时间之测度，又是时间之标识。其为时间之测度，便来自观天，或依日升日落，或凭月盈月亏；其为时间之标识，遂据以四季耕作、日常起居。第十一讲从古籍中梳理蛛丝马迹，发现"火历是中华民族最早的历法，与生产生活结合紧密。尽管相当粗阔，但它确实是早期中国人的纪时之法"。火历和后来的阳历、阴历不同在于，这是以太阳系之外的恒星大火或称心宿二为时间依据。这华夏最古的历法，得自最远处的星球，虽已离开我们的日用常行，然而，"龙珠图案正是火历在文化中的象征性遗存，它也成为中华文化的基本象征和中华民族的徽记"。我以此看待《中国文化十一讲》收笔于"火历"这个话题的用意。

再说回杂多与化约的问题。化约杂多，归于一，固然是极致，却又玄奥、朦胧、笼统，更有无视差异之虞。这就需要思维反向展开，将一分解。五行便可看作是揭示差异的一分为五，阴阳则是一分为二。读者不妨也以这个理路来读《中国文化十一讲》，明了何以在太一之后是阴阳、五行。那么，我们似乎颇为熟悉的一分为二，有没有缺陷呢？是否足以作为华夏思维之异于泰西者？我一直按下未表的第九讲，正是解决这个问题的。庞朴首先指出，一分为二是"正确但不够完善的理论"；接着分析对立、斗争的双方之间的关系，构成了区别和独立于该双方的三。且看阴阳，互异、对立、消长，这是二；彼此相生、互推，已合为一，别于纯粹之阴、纯粹之阳。太极图所表达的，恰是阴、阳乃一分为三。

至乎中庸，大抵可以看作中国人的"实践哲学"、行为理性。执两用中，不偏不倚，究其实质，乃是一分为三的思维。故而，第八讲"中庸"，可算一分为三的具体形态。

在西洋思维中，务必厘清主体与客体、主观与客观、物质与精神、现象与本质、理性与神秘、个体与群体。具体到政治思维上，划分敌友是政治的第一义；在宗教立场上，正统与异端则是水火两别的，定然你死我活、殊死争斗。《中国的文化与科学》一书中，巴黎大学教授茨诺克斯也注意到一分为二与一分为三的区别。其言，一分为二的二分法，既是基督教传统的一部分，也是自希腊经由罗马和早期英、法思想家传承的二分法。按照二分法，人与自然是分异的、对立的，即主体与客体。"对中国人来说，人是自然的一部分，人又是自然进化的动因，必须更关注自然和人之间的和谐，而不是两者之间的对立。"这个"进化的动因"，在中国文化中，叫作"参赞化育"。人不避轻微，不自尊大，汇力于天地化生、养育万物之天道、大德中，遂与天地鼎立而三。

在中国思维中，概而言之，天与人、人与我、虚与实、有与无、阴与阳、经与权、正与奇、敌与友，等等，并非清晰明了、直截了当地相异、相分。我以之为二中有三，三中涵二。

欲知一分为三之详论者，请读庞朴先生另一册，《一分为三论》，上海古籍出版社 2003 年版。

庞朴 著

中国文化十一讲

中华书局

谁言识字

探究汉字基本原理的《文字哲学》

这本小书，页两百余、字二十万，内中乾坤却大。其文辞平实，正是论理所需；语调温和，出自七旬老者，身历六个干支年之循环。曹念明，以《文字哲学——关于一般文字学基本原理的思考》，刊布于巴蜀书社2006年。字里行间，是赤子之心；起承转合，见条理谨严。

比曹念明早三十年，大名鼎鼎的法国人德里达，著《论文字学》。在西方的学术谱系里，这颇为特出。但他不识汉字。真正说来其文字学就是大有残缺的，都未必顶得了"半部文字学"。

这就得先看文字的定义和琳琅满目的文字如何分类。

《文字哲学》"坚持经典分类法"，又"根据当今世界文字的新发展"，按文字的功能依然分为表意文字、表音文字，就此则将日本文字定为混用型文字，并以通用符号型文字作为第四类文字，包括标点符号、数字及其他科学符号、音乐记谱符号等。至于按文字的源起分为自源文字、他源文字，后者又称借源文字、外源文字，也是《文字哲学》所秉承的。读者请注意，第一，汉字是今日地表上唯一使用着且富有生机的表意文字，与诸如英文这样的表音文字判然有别。其他的表意文字如古埃及文字、苏美尔文字、古印度文字、玛雅文字等，皆已作古。第二，所有的自源文字都是表意文字，也就是说，文字在起源时都是表意的。表音文字的产生，从他山袭用而来的外源文字，都意味着文化的断裂。汉字又是唯一健在的自源文字。汉字相延不断，正是华夏文化绵长连贯。

与之相应的是，《文字哲学》定义文字为："文字是人们使用由线条（笔画）组成的字符集来表达、记录、交流观念、情绪的视觉符号系统。"我从中析出三层意思，以助读者更清晰地理解曹氏的文字定义：文字由字形与字义两个元素组成；文字是符号，经由人的视觉起作用；文字因字义得以作为符号，文字借字形在视觉上发生效果。

这个定义，看来说的是表意文字，不及于表音文字。因为他滤去了文字中的语音成分。在定义表意汉字的时候，曹氏算是顾到了语音："汉字是作为社会记录和交往工具用的，直接表达意义的，具有象征作用和审美价值的，和汉语相适应并日益结合的视觉符号系统。"

读者还请注意，汉字与语音有关联，却不是纯粹记录语音的。不妨理解为，"和汉语相适应"是汉字的历史脉络，汉字与汉语相互独立、平行。语音相异、方言杂多而文字统一的情形即是。"和汉语日益结合"是汉字与汉语关系的晚近状态，是汉字在依然表意的同时也和语音多了更直接的关联。一般人就常常视汉字和汉语如一体。语言学家徐通锵甚至认为，书写的汉字主导了口说的汉语，促使汉语向汉字靠拢，言笼于文。曹氏的定义，不仅说了汉字与汉语的关系，也将二者的动态演化包含在内。

看得出来，文字的定义与分类，涉及文字与口语的关系问题。这是理解文字的关键。书写的文字是视觉符号，而口说的言语是听觉符号；书写的文字是空间符号，而口说的言语是时间符号。至乎汉字与表音文字，还可以归为平面的视觉符号与线状的视觉符号的差异。何以如此？

西方的亚里士多德称，"口语是心灵经验的符号，文字则是口语的符号"。西汉扬雄的《法言》谓，"言，心声也；书，心画也"。直言之，前者为以言统文，后者乃文、言并行。这是言、文之间截然不同的两种关系，更是西方与华夏两种文化的不同。

希腊在距今两千八百年前的一段时间里，没有文字，为希腊史上的"黑暗时代"。《荷马史诗》就是这个时代的文化符号，是口头行吟的。因借用腓尼基字母，希腊得以记录口说的言语，即狭义的语言。为记录语音所采用的文字，当然得依附于、从属于所记录的语音。所以这类文字也称记音文字。靠着文字记下语音，口说的言语就从时间符号转为空间符号，从听觉符号延为视觉符号。亚里士多德的世界，只是拼音文字的世界，也是言语的世界。他所能知道的言文关系，注定只是以言统文。亚里士多德身后的两千三百年的西方，也只是拼音文字的世界，也注定只需要将文字搋在语音的腋窝下。百年前，索绪尔的《普通语言学教程》也就不过是两千多年里以拼音文字为载体的西方文化的成果。这颗果子，约称为"语音中心主义"。

德里达的《论文字学》本想反一反这"语音中心主义"，但只能是"窝里反"，反不出"窝"的。龚鹏程评析德里达倡言文字学，"旨在瓦解西方柏拉图以来的形上学传统",曝出西方文化"内中实存一大病灶",却无法用这"二元对立的形而上学体系来解说中文"。

可惜,许多中国的"语言学家",一味追随并拘泥于亚里士多德—索绪尔的逻辑与体系,置两千年前扬雄之卓见全然不顾,或浑然不觉,甚至把"拼音化"当作文字演化的"普遍规律""潮流"。这是百年来"汉字改革""废除汉字"之论甚嚣尘上的部分原因。所幸,还有一批学者,看得明白、想得透彻,不肯将汉字摁在语音的腋窝下,也力求为表意文字正本清源。他们接续中国文字学研究的学术传统,继往;又在全球学术的坐标系上推陈出新,开来。曹念明的《文字哲学》便是力辩文字的生成乃为表意,初始并非为了记音。这一番辨析,不止于拭汉字之蒙尘,不使珠光晦暗,为国人疏血脉,不再自愧不如;也是还人类文明本来面目,以全球视角厘定文言关系,助西人去所遮蔽,以明"腋窝之上"与"腋窝之外"。也非曹氏独倡此论。他在协奏中。

与之关联的是汉字如何起源。这问题诚然众说纷纭,也实在难以确解。即便我们今天能够使数千年前的先人活转来,他们大概也说不清彼时是如何无中生有地造字的。这个渐进的历程,绝非一个人、一代人所能明了。

我非常赞成曹氏所认定,表意的自源文字绝非为了相互之间在生产、分配中的人际交流的需要而产生,更不是为了克服口说的言语在时空上行之不远和转瞬即逝的自然缺陷而创造。曹氏以为,甲骨文在商代中期骤现,是因为要记录神的意旨。其间,"长期注视占卜甲骨上出现、显示的各种灼纹线条,完全可能产生思维状态的升华、飞跃、顿悟,将灼纹线条和一定的吉凶意义联系起来,当成卜兆,以之表达某种神谕的思想意识。而当这批线符表达的意义定型化，即按照依类象形的原则而非按照记录语音的原则变成记录、表达思想观念的视觉符号文字，并在专职巫师集团中达成共识后，它们就会突变成为最早的汉字系统，即甲骨文。完成这个'突变'即汉字系统的产生，既不是一个人一朝一夕之功，也不是千千万万人数千年的长期劳作，而可能是几十、几百个专职脑力劳动者（古代巫师集团）在数十、上百年中几个世代持续努力的结晶"。易言之，文字产生的动因是人需要与神沟通。这个解释，看起来很符合商代历史和甲骨文的实际情形。盘庚迁都后一百年的武丁时期出现了甲骨文，这一百年大概就是甲骨文的预备期。甲骨文本身经历了变化，董作宾便分了几个时期，从粗疏到成熟。

然而，没有人神沟通之需要，文字就一定不会产生吗？曹氏无意中留下个思考缝隙："任何一个无文字民族都不具有精确的、成系统的、持续不断并逐渐进步的知识形态。"这话很好。我补一句：没有文字的民族，依然可以有神话、巫术、宗教。与文字相关的是认知，不是信仰。知识最初一定来自观察，即"仰观天象，俯察地理，远取诸物，近取诸身"。所谓"究天人之际"。这一"究"，就形成了关于宇宙天地、人间情事的认知。在渐进的认知过程中，试图记录、留存所思所悟，形成了文字。语言学家徐通锵专门阐述过这个观点。这个过程或许真的需要较长时间。这个过程中，与事神致福的关联，大体是偶然的。好敬神的殷人，在这个过程中加快了点步子吧，叫"有如神助"。也因为占卜，才以龟甲兽骨记录神旨。彼时以为动物沟通人神。商代以上，文字可能以竹、木为载体，今人断不能见之。

口说的言语，包括音、义两个元素。表音文字记音，只有形、音两个元素，其字形与所记之音不必有理据上的关联。学说上叫"任意性"。表意的汉字，字形与所表之意必须吻合，至少尽量有关联。汉字的这个原理，乃是汉字的奥秘。最直观的例子是，由"凹凸""山川"所典型体现的通过象形以表意。这是文字与思维的关系问题。《文字哲学》不能不于此多所着墨。

按曹氏所见，西方主客二分的思维，即便不是由拼音文字造成的，也可以说拼音文字极契合这一思维定式。就是因为记音的字形不必理会所记之音，更不必理会此音所含之义。字形与字义分离，便是主体与客体分离。我们或许可以说，拼音文字既是主客二分思维所产生的，又强化、固化了主客二分思维。

徐复观的话，正可以拿到此处来参验："自从严复以'名学'作为西方逻辑的译名以后，便容易引起许多的误会。实则两者的性格并不相同。逻辑是要抽掉经验的具体事实，以发现纯思维的推理形式。而我国名学则是要紧扣经验的具体事实，或紧扣意指的价值要求，以求人的言行一致。逻辑所追求的是思维的世界，而名学所追求的是行为的世界。"如果主体的逻辑形式是无关客体的具体事实的，这确实是主客分离。华夏偏偏是不讲逻辑的，其注重"紧扣经验的具体事实"则是主客不分。慢着，既已不分、无二，便无从说"主、客"，姑且代之以"物我两合"。确定一个汉字的字形，即造字，不单凭造字者的一己意愿，而是取自汉字所指称对象的属性、特征。前例之"凹凸""山川"，再如"上下""本末"。这就是"物我两合"。曹氏说，造字者和汉字的指称对象之间"有着直接的形似和同构的关系，二者是一致的，起主导作用的是指称对象"。此时，毋宁是人以万物为尺度，非人为万物之尺度。合与分，是中西思维的基本差异。

曹氏进而言之，"主体是通过模拟认识对象的形态特征来把握对象、表达对象的，所以，对象的存在是自明的、前提性的、对主体认知而言是决定性的，主体对于客体对象是肯认的。所以中国文化最基本的思维方式是肯定性思维，即对世界、人生采取肯认的态度"。在我看来，中国文化的护生取向，其顽强、坚韧、执着而得生命力，最要莫过于此。这也是中西思维的基本差异。西方的主客二分，主体与客体只能是分离的、对峙的、对抗的，客体于主体就只是限制的、否定的，主体由此而强调控制、凌驾、征服客体。

汉字与华夏思维既然关联如此密切，也恰可验证文字起于华夏先民认知外部的世界和自己的世界，非源自事神致福。

说到文字学，在德里达之前二十几年，唐兰在四十八岁的1949年，为华夏与寰宇呈奉一册《中国文字学》。他不仅凭借深厚的古文字研究的功力，更是根植于西汉扬雄的《法言》、东汉许慎的《说文》所开启的文字研究这一中国传统学术，向来所称"小学"。他说，这是一种"西方人所不能理解的特殊的学科，我们只有把它叫作中国文字学"。这是中西之异。西方的语言学，中国的文字学，各有源流。到了曹念明，不再仅仅将文字学当作特殊，而是力图建立一套关于文字的一般原理。文字学遂带了哲学气质。从《中国文字学》到《文字哲学》，相去约一甲子，正是华夏精神累积、传承、接续之一折，不止于学术上精进，更是眼界阔宽、气度安闲。

曹念明 著

WENZIZHEXUE

文字哲学

——关于一般文字学基本原理的思考

四川出版集团

大学之道

其源流、精神、形制与人物

    一个在大学里读着书、读过书的人，除了认真地读大学里教的那些书，它们叫文史哲、数理化，也叫天文、地理、生物，叫政治、经济、法律，等等无法尽列，显然还应该读一读关于大学本身的书。关于大学的书自然不少，知识分工上属于教育学。一般的人就容易因为无关自己的专业而忽略了甚至根本就不愿意读这一门子的书。这就可惜了。知识结构上不够博览倒是小事，造成只缘身在此山中而"不识庐山真面目"才让人惋惜。少了这方面阅读，虽拿着大学文凭，也无非是个大学的观光客，或者纯粹就是把大学等同于职业训练所了。

    《大学的精神尺度》，随笔集，有书评，有杂感，有散文，极适合一般读者阅读，更兼文笔流畅、雅致，不乏古意。作者叶隽，本非教育学或大学史专门研究领域的行家，乃以人文学者思考大学、教育。故而，谈论大学的这本小书，不属于学术，却不乏学问。这也恰是一本书于一般读者的价值所在。福建教育出版社 2011 年版。

一应短小精练的文章，书中分了三辑。第一辑大学论，十二篇分了三个方面。第一至四篇，说的是大学之中师者当如何。探索高深学问、管理大学事务、在纯粹学问和与闻政治之间达致平衡、作为公众与学生的自然典范，这四项，是教授所应当身行力践的。作者强调"师为国之基"，所论四项，也正紧扣这一命题。人们不免以为，以师者为国之基，是夸大之词。若从文明生长的内在逻辑来看，实情恰恰如此。这是另外的话题了。

第五篇《思想自由与兼容并蓄》，第六篇《高深研究与通识教育》，第七篇《教授治学与精英管理》，第八篇《大学理念与学术独立》，是第二组，从师者转到学校。作者申言，这些是要求于校长的，以使学校能够达到这等境界。须得为作者补上一句。这也是要求于管理当局的，涉及大学与政府之关系。这四项，也是相通的。例如，作者分析学术独立，便涉及与思想自由之关系。其将学术独立分了内外两个方面。外面，是学术得以对抗政治，不受宰制；内面，是学术有自身之分量、质地。我以为，不妨把学术独立首先理解为"立"，而后理解为"独"。因立乃能独，以独守护立。立与独，都要求学术固有之力，即精神力，非物质力，也非政治力。学术以此精神力而与物质力、政治力分庭抗礼，鼎足而三。这更是当代学术的一个全球话题，叫"学术的自主性"。

第九至十二篇，谈的是学生。在学生一面，作者首重养成人格，随后倡言意志自由。所言意志自由的三层含义，堪为一家之言。"其一，排斥、反对一切外在权力、势力的奴役和支配；其二，坚持自我的自由思想、独立精神，做自己的主人；其三，一种相对于心灵的解放，使自己处于一种自由无羁的精神境界"。这意志自由，又与此前所言思想自由、学术独立极相关联，甚至不过另样表达。此外还有延续学统和社会担当。这四点，养成人格、意志自由、延续学统、社会责任，毋宁说也是大学教育的目标。显然，这个目标，并非培育专业人才，更非承担职业培训。

如此，第一辑便堪称结构完整，涵盖了大学的三个要素；更兼言简意赅，提纲挈领地说清了"何为大学"这一问题。作者另有归纳，亦可启发读者：大学之大，在学问之大与气度之大，合而可称"大度问学"。这确也契合中国古来以大学为"大人之学"之说。

接着，读者不妨拿第一辑所释为尺度，去衡量中国的大学。这是第三辑。不过，作者并非自己拿中国大学做研究对象，而是集合若干书评，将第一辑的大学论于此延伸开来。读者通过这些书评，对中国大学有个角度特别了解；更通过这些书评，可以得个指引，依着自己的兴致，寻觅如下著述。

1. 张亚群：《科举革废与近代中国高等教育的转型》

自 1895 年仿西方大学设洋务大学堂于天津，历百年，中国已算建立了规模庞大、结构完整的高等教育体系。这个过程，又与1905年清廷废除科举制度密切关联。欲了解中国大学，这个环节不可缺。张亚群自道，"从科举考试变革视角，探究传统高等教育如何转变为近代高等教育及其深远影响，与学术界西学东渐的研究视角相互补充"。而叶隽于科举之废，给予温情的理解。一面认为科举制固有其弊，一面则在略取法、德两国为参照后，认为当初之废科举不免病急投医。

关心中国百年里的风云激荡如何在教育、在科举上体现出来的读者，从叶隽小文中可得些启发。

2. 金以林：《近代中国大学研究》

这大概可以与前书并读，得以完整了解中国早期大学的情形。叶隽评价："对中国近代大学做了较为系统完善的梳理工作。尤其是能从一种新视角出发，努力勾画出近代大学同社会发展的相互关系，系统分析了公立大学、私立大学、教会大学等不同类型高校的演变轨迹。"而"尽量采用图文并茂的形式，使读者获得感性认识，是学术研究大众化的尝试。尤其是对那些非专业的人士来了解中国近代大学平添了许多兴趣和情趣"。

3. 陈平原：《北大精神及其他》

叶隽说，"我读此书，如江河泛舟，如坐春风，如沐喜雨。一言以蔽之，此真学者文章也"。叶隽自己起意专门谈论大学精神，可以想见陈平原此书定然使他击节赞叹。

叶隽又推崇陈平原的《中国大学十讲》，认为此书"一方面对前贤充满了理解之同情，诸如对梁启超、梁漱溟、梅贻琦等人教育理念充分表彰；另一方面，对于当下的中国大学发展与改革，也并非是可有可无的清谈空论"。

4. 韩水法：《大学与学术》

叶隽极赞赏《大学与学术》所表现出来的知识者的担当勇气："十余年来，从黎民到首揆都在不断追问，中国大学为什么不能够成为原创性的思想和知识渊薮，而沦为平庸的乐园？只要能够秉具理智的诚实，找到一个清楚而合理的答案并不是一件难事。要解决这些问题，中国大学就必须成为完全的自为者，即一种完全意义上的法人。这就是大学自治。"

5. 张博树、王桂兰：《重建中国私立大学：理念、现实与前景》

从书名可知，该书试图接续中国大学史中一度中断的一脉，认为"中国私立大学的重建是中国改革开放的产物，并且触动了传统体制中最敏感、最脆弱的部分神经"。这意味着，私立大学之重建，其意义已远非教育一域。而"当代中国私立大学重建的成功，有赖于办学者、教育家更加清醒地意识到自己的历史使命，有赖于一个更加开放、更加多元的国内语境的形成，有赖于教育全球化浪潮中国经验与本土实践之间更加有效的结合与互动"。叶隽为此书写下不短的评论，也可见他自己有意借此抒怀。

无疑，开办西式学堂，取代华夏传统教育，是百多年来解答与解决"中国向何处去"的一部分。欧风美雨里的西学东渐，是中国百年大学史的背景，西式大学则是中国大学的模本。如此，西学如何关联着中国大学，便是绕不过去的、省缺不得的一页。叶隽写了这一页中的部分段落。这是《大学的精神尺度》的第二辑，"德国大学"。

这一辑有两部分内容。一部分是介绍、评析德国大学。最值得注意的是，洪堡创办柏林大学于 1809 年。柏林大学诞生之前，从博洛尼亚大学和巴黎大学建立的大约六百年里，西方人以"中世纪大学"相称。简单说，这是服务于基督神学的大学。柏林大学则可以说是世俗的大学，也可以说是科学战胜了神学之后的大学。西方大学由此进入一个全新的阶段。德国肇其先，独领百年风骚；美国效于后，睥睨寰球同侪。叶隽散文般的笔触里，读者还可以了解到海德堡大学、哥廷根大学、莱比锡大学、波恩大学等。一趟不错的文化之旅。

读者很容易看得出来，叶隽更为关心的，并不是德国大学本身，而是中国学人与德国大学之学缘，以及因了这些心怀理想、身披艰辛的中国学人而使德国大学得以发生影响于中国大学乃至中国的历史巨变。如此，叶隽就把读者带入了华夏宏大的历史进程及人类文明视野里中国与西方之关系。这个话题下，最值得注意的，当然是蔡元培之留德。读者可见《蔡元培与莱比锡大学》一文。此外，陈寅恪、季羡林、冯至、徐梵澄，再再为中国现代学术与文化上极具分量者。单说王光祈。在旅居德国的十六年里，"将中国文化介绍于西方，弘我中华经典文化精神。他致力于国乐史的研究和整理，并向西方介绍中国古乐，如用德文完成了博士论文《中国古代之歌剧》，还著有《中国音乐史》《东方民族之音乐》等书。王光祈自述著作的目的是要使中国音乐'侪于国际乐界而无愧'，保存'先民文化遗产'、引起'民族自觉之心'、陶铸'民族独立思想'"。叶隽于此感慨，"今日追思先辈，真是感怀无已，只有勉力沿着先贤的足迹前行，方是对先辈最好的纪念"。我读叶隽此书，确实感受得到他这一缕脉动。

说德国大学，读者还可以读到书中引洪堡所言，掷地有声。

国家"不应就其利益直接相关者要求大学，而应抱定一信念，即大学倘若实现自身目标，那也就实现了、并且是在更高层次上实现了国家的目标，而这样的收效和影响的广大，远非国家之力所能及"。

我不知两百年前的这位德国先贤以何种理据出此铿锵之言。这定然关联着"大学何以言其大"。我以为在大视野、大胸襟、大气魄，即智性之大、德性之大、诗性之大，亦即所言至真、至善、至美。合大视野、大胸襟、大气魄，成大境界。非此大境界，便不足成大学。唯此大境界，大学才能于治世引领现实生活，处乱世守护文化血脉。

然则，此大境界，却非大学所能轻易达致。于中国大学而言，"世界一流""国际著名"云云，是远远不够的。毋宁说，做到了，也不过是仰西人鼻息。反观百多年来中国大学之流变、跌宕，不可不问：国家取向的中国大学，如何培育健全人格？无根无土的中国大学，如何接续文化血脉？易言之，中国大学，须为"中国的大学"，再非"中国效仿西方之大学"。这不仅关乎中国文化之未来，也一并关乎人类文明之未来。

我为此而申言：

引情感调和理性

以人伦代替契约

是为盼。

大 学 的

精 神

尺 度

叶隽\著

海峡出版发行集团—福建教育出版社

公议社会

中国历史与文化的政治维度

这一位作者说：

我需要极其专注于思想学术本身，而不是注意它的一切附带结果或装饰物。无论如何，极其专注，这确实是把一件事做好的关键，不管你做什么事。这就意味着，除这件事之外的许多事，你都要不在乎，不计较。一计较就必然要浪费你的才能，影响你本可达到的高度。所以，人啊，你应该极其谨慎地开始做一件事，然后再极其坚韧地把它做完。

这像极了一位哲人、智者在说话吧？按照一般的学术分工，何怀宏确实是个哲学教授。除了《良心论》《道德·上帝与人》等一应著述，他还分别将两个有着世界级学术影响的美国当代政治哲学家的代表作译为中文，罗尔斯的《正义论》和诺齐克的《无政府、国家与乌托邦》。两书极为宏大、非常艰深，甚至晦涩难懂。对于巨大变迁中的当代中国，何怀宏的翻译，实为学术重建、思想累积所不可少。不过，他原创作品的贡献，就中国思想、文化之长远观之，甚于翻译。

何怀宏如此强调专注二字，与我大是不谋而合。不妨换个说法。专注，堪为人之心性，那份专心致志、聚精会神的虔敬、恭谨。由此心性而得生命之意境，那种沉静、从容，几至身外无物、心中无他。若有谁无所谓心性与意境，只求行事有成，那么，专注便是捷径，实乃人生唯一捷径。当此大变局，人人焦急、浮躁，难以专注。何怀宏之言，乃有的放矢。

他正是以专注而沉思秦汉到晚清两千年中国历史。国人今日已经习称此两千年为"封建社会"，以为不过"专制""落后"。而当此大变局，重新回望、理解、叙述华夏历史，必要且可能。何怀宏由西望转回观，从哲学向史学，独特地将秦汉到晚清的中国描述为"一种自成一体的社会形态"，谓之"选举社会"。

今人对"选举"断非陌生。然而，"选举"有古义、今义之变，毋宁说，这古今之变，又是中西之异。选举之今义，随欧风美雨而来，说的是一种政治形态。选举之古义，属华夏两千年里自生，恰可与西人之选举互参，说的是一种社会结构。这一层，今日国人很是疏隔。何怀宏沿用中国历史文献中的"选举"，作为西汉以来制度化的察举—荐选和隋唐以降制度化的科举—考选的合称。自然，何怀宏浓墨重彩的是国人较为熟悉的科举，盖因科举不仅制度上更为完备，而且更能体现出农耕中国的社会、文化特质。

季羡林评价《选举社会》，诚不虚言，足为读者资鉴：

这是一部知识视野开阔、用力很勤、材料极富、独到新见颇多的佳作。尤其是第二编对构成中国古代科举考试制度中心环节的试卷八股文的研究，通过对历朝经义范文的剖析，揭示了科举考试形式、内容、性质、功能及其社会意义与影响，有助补正长期以来我们认识上简单片面贬斥的偏颇。第三编关于选举社会困境及其终结，也多有见地深刻、富有新意的精彩论述。

实则，何怀宏的独到，还在于用五分之一的篇幅讨论科举与社会平等的关系，由此引领读者脱出西方观念的窠臼以重新思考平等，重新理解与评估中国传统。较之评析科举考试制度，这是远为宏大且关键的问题。我的兴趣更在于此。他的结论颇多意味。一方面，"还是等级社会，还是少数统治"；另一方面，中国在历史发展中，"社会已逐渐由一种封闭和凝固的等级社会，转变成为一种开放和流动的等级社会，此即为选举社会。"在我看来，内中关联的问题则是，人类文明中的政治，古今中外概莫能外，都是"少数统治多数"。那么，少数与多数的关系如何？少数需要具备何种凭资？少数如何从多数中分离？何怀宏用"统治阶层的再生产"而直接、间接地涉及"少数统治多数"这一政治的固有逻辑与内生难题。选举则是中国在过去两千年里采用的稳定而成熟的定制，以再生产统治阶层。

在何怀宏看来，中国几千年的传统社会里，"有一种政治权力、经济财富与社会名望这三种主要价值资源联为一体的情况，而政治权力又是其中表现最突出的，所以'仕'成为主要的出路"。他这是隐约触及了一个中西差异问题。传统中国以权力为社会的基本联结纽带，适成一般所说的"官本位"的文化。西方自希腊传统以来，商业是社会的主要联结方式，适成一般所说的"重契约"的文化。这分殊固有其文明源头上的因由，也区别了历史进程的连续还是跳跃。此处按下。

至乎秦汉至晚清的中国社会，"仕"既如此关键，"如何能够入仕，究竟以什么方式、按什么标准入仕，对于社会等级分层来说还是更关键、更优先的问题"。在中国式的"选举社会"，尤其是隋唐后的科举制下，文化因素对社会等级分层的作用更加重要和明显。因此，"社会实际上由一种'血而优则仕'转变成一种'学而优则仕'。而由于'学'有文学和德行两方面的含义，德行又难于作为一种客观和普遍化的标准，所以到后期甚至变为一种'诗而优则仕''文而优则仕'了。由一些以诗文为进阶的人们来治理国家，这确实是世界史上一个相对奇特的现象"。要说"奇特"，倒也未必。这是华夏的崇文取向。崇文，不该是文明的应有之义？由尚武之辈、逐力者流来治理国家，不过是人类文明的实然情形，绝非文明之固有逻辑。这才叫"奇特"。中国历史上的某些朝代，也确曾如此"奇特"。

所以，选举，不仅意味着古代中国的权力运行，不仅形塑了古代中国的社会形态，更展现出古代中国的文化取向、审美品位。概而言之，文治重于武功。

相较于秦汉至晚清为"选举社会"，何怀宏将西周至春秋称为"世袭社会"。他解释，"如果只有君主的世袭，是不足以构成一个世袭社会的。只有在整个社会的上层普遍存在着世袭的倾向，我们才可以称这一社会为世袭社会。而只要在整个上层存在着封闭的世袭，即使下层仍有大量的水平流动，甚至于上层没有一个世袭君主，在一个各种主要资源都联为一体并由上层控制的社会里，我们也就足以称这一社会为世袭社会了"。"春秋社会主要是一个卿大夫活跃的社会。大夫是春秋社会的主体，正是由于当时社会主要是一个大夫的社会，以及大夫与家族的关联，我们才可说'大夫社会'同时也就是'世袭社会'，大夫'建家立室'是诸侯'建邦立国'的延伸。"生当"世袭社会"解体之际的孔子，何怀宏认为乃是承前启后的。选举社会与崇文取向之关系，似乎可以由公认孔子乃是一个承前启后者得见关键。也无怪后世谓，"天不生仲尼，万古如长夜"。

读者可详见《世袭社会——西周至春秋社会形态研究》和《选举社会——秦汉至晚清社会形态研究》，2011年由北京大学出版社刊布以修订版。两书初版，则是三联书店1996年的《世袭社会及其解体》、1998年《选举社会及其终结》。何怀宏完全不赞成几十年来通行的"奴隶社会—封建社会"的中国史分期，力图"尝试从自己的历史文化和现实问题中引申出自己的社会理论"。"世袭社会—选举社会"正是何怀宏借以解释中国历史进程的一组概念，赋予新的含义。

既有的奴隶社会—封建社会的分期，确实把握了战国时期中国历史的巨变，但是如何才算恰切地概括这一巨变所带来的中国史分期？有所谓"历史都是当代史"之说。此处也是。何怀宏谓，"郭沫若、毛泽东等试图理解这一场社会变革的人们，恰恰又处在二十世纪中叶一场新的社会革命之中。于是他们很自然地以这一革命时代的革命眼光来看待过去的那一场变革，如到处看到流血、暴力、剑拔弩张、你死我活……并将这种对历史的重新解释亦用作动员群众投入革命运动的武器。在某种意义上，战国封建说比起其他封建说来更具有中国特色，不囿守西方作家哪怕是马克思主义经典作家的论述，但它却强烈地受到时代的制约，是革命时代的产物、革命时代的学术"。而革命家们后来终于获得了几乎绝对的话语权，定"战国封建论"于一尊。严格地说，这并不是学术与理论，而是革命家的战斗宣言、政治纲领。

钱穆曾专门讨论秦汉之际文治政府之建立，并关联着论述了商、周政治与秦汉以降的中国政治。恰可供读者与何怀宏所论相互参验。没有时间或没有兴趣阅读何怀宏两书的读者，也不妨只花一小点时间，读钱穆的《文治政府之创建》，《中国文化史导论》第五章。

就政治维度言，从世袭社会到选举社会的演变，即属"统治层之再生产"方式、标准之流变。显然的是，不同的"统治层之再生产"方式与标准，又足使得权力场有封闭或开放之异。世袭，乃是权力场之封闭，依血统而封闭。一旦声称"王侯将相宁有种乎"，便是要打破此种封闭。现代西方宪政体系，以选举而使权力场开放。传统中国之选举，尤其是选举中所含崇文取向，使权力场呈现开放性，至少是半开放的。就此而言，试图重新解释中国历史与文化的《世袭社会》与《选举社会》，所关联的就不只是社会理论，也隐含了政治思维于其中。

《世袭社会》的结尾处：

中国自战国至晚清一段漫长的、迥别于西方的社会历史，在某种程度上仍然是一个谜。也许，二十世纪对这一段社会历史仓促提出的解释将显得很不够，不得不由其它的解释来补充、丰富乃至代替，因为二十世纪越来越显得只是一个过渡时代，就像战国那样。而我们现在正在步入一个新的、但看来会长期稳定成型的社会。我们今天相对来说已经可以比较心平气和地看待中国社会的历史，持这种心态也许最易窥见历史的真相；我们也想弄清楚正在来临的新社会的性质和主要特点，而这不能不借助于历史的回顾；最后，我们还预感到文明在这一新的社会形态中仍将受到考验，我们若要做出创造性的回应，就不能不从我们的历史中汲取灵感和资源。

若接着何怀宏往下说，那么世袭社会、选举社会之后，"正在来临的新社会的性质和主要特点"今天如何预知？能否有一个简洁的语词来概称"看来会长期稳定成型的社会"？很多人或许能够脱口而出，"公民社会"，其关乎宪政、法治、民主、人权。然则，"公民社会"在逻辑上不足以与世袭社会、选举社会对举。"公民"一词，指的是个体之于政治统治的身份；世袭或选举，说的是个体获得权力的途径与权力流转的方式，涉及的是权力如何运行。"公民社会"又是一个由大不相同的文化背景、社会结构、历史进程中概括而来的概念，从而不足以自然而延续地描述中国自身的历史进程。至乎宪政、法治、民主、人权，也不得不与特定文化内涵勾连着理解，才不至错会，例如基督信仰。这才是真正"奇特"的。

其实，几百年前，黄宗羲倒像是预言了这个问题。有趣的是，铺垫未来中国的这个过渡期，更准确地说，孕育未来中国的这个大变局，通常也认为恰是始于黄宗羲所处时代，或略早些。在《明夷待访录》

中，黄宗羲以"公议社会"称呼他理想中的社会。我思索世袭社会、选举社会之后的社会结构、权力形态未果而茫然之际，读到《明夷待访录》中的"公议社会"之说，眼前豁然，思绪澄明。

尚需补黄宗羲所未言。公议者，为公所议，即公共权力与公共事务不可自闭、独擅；公议者，就公而议，即私人事务与私人领域得以保全其自治、隐秘。世袭—选举—公议，提示了权力运行的不同状态，也表明了公共权力从封闭到半开放到开放的逻辑之链与历史演化。则不妨略为具体地另行表达公议社会：

安居乐业，官民平等；公权有度，言论宽松。

选举社会

何怀宏 著

秦汉至晚清社会形态研究

北京大学出版社

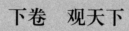

下卷　观天下

文明起源：无解之解

据说只是"副产品"，因为偶变

　　曹念明说汉字生于占卜之巫师集团，语焉不详，猜测的成分不免多了些。隔了约十年，郑也夫用了较多篇幅说"贞人与甲骨文"，论证颇为周全，不仅较令人信服，还颇引人入胜。看来，两千年来"仓颉造字"之说，是该改为"贞人造字"了。他这个话题，是《文字的起源》的一节。这一节，无论在时间上还是就论题言，都正好是接着《文字哲学》讲的。当然，曹念明和郑也夫所讲的，固然为甲骨文的起源，是否就可以等同于汉字的起源，还是要存点疑心的。暂时只能按下。

　　除了汉字的起源，读者经由郑也夫的叙述，还得以了解或称陶文的陶符、苏美尔的泥筹与泥版。这些都可以看作有趣的知识。而真正有分量的论述，在郑也夫比照同为自源、表意、象形的古埃及文字和古汉字即甲骨文。他的结论，很有意味：两种文字在造字机理上存在声借方式的差异，这"导致了同为象形字出身的圣书字与古汉字分道扬镳"。怎么个分道扬镳呢？古埃及文字流变出了辅音字母、闪米特族字母，而后是腓尼基字母，由希腊人在此基础上改造为希腊字母，进而是拉丁字母，终成今日欧洲的各种文字。而汉字，却注定不会自行走上拼音之路。这既与汉字的特性有关，更与中国原生的思维方式、审美趣味、文化取向相关。所以，同在两千五百年前后的那个时代里，希腊好论辩、鄙文字，华夏崇文章、轻言语，昭然之别。

毫无疑问，只有中国学者有可能说清楚表意的、自源的文字是如何起源的，因为只有中国学者今天以自源的表意汉字为母语。这是中国学者的天然优势，也是中国学者的学术使命。在中国学者关于文字起源和汉字起源的所有论述中，郑也夫的论述最严谨、最扎实。一个有兴趣于文字起源的读者，就这个主题，可以只读郑也夫的论述。

在文字起源的主题里，郑也夫最有启发的说法是，"启动文字的最初社会系统几乎非国家权力莫属"。可惜他也没有就此进一步展开。这实在是难度极大的论题。早些时候，张光直已涉及文字与权力的关系，也是未加详论。逻辑上说，权力需要借助文字以修饰，亦即将自身正当化。就此，权力需要拿文字做工具。这是权力催生文字的动因。此其一。其二，权力的这个动因，使权力成为文字诞生的加速器。不过，也只是加速器，权力绝非文字的母体。文字的母体是定居了的人类的心灵世界。这和宗教有关联，但并不尽然为宗教的。更可惜的是，我们至今未见这方面的研究。读者诸君也请存个念头，留待后贤。

纸这一文字的载体又是如何起源的？随后的第四章《造纸术的起源》中，读者似可更改两项常识：第一，在蔡伦之前，已经有了纸。

大概因此之故，第四章谈的是"造纸术的起源"而非纸的起源，并未与第三章《文字的起源》对仗。盖纸的起源在郑也夫看来实不可考，已然雪泥鸿爪。读者不妨留意这一细微处。第二，这些纸，主要功能并非书写，其"更大功能是做高贵物品的包装，或者说，帮助某物提升品质。而这是否其原初功能，尚可追究"。易言之，纸供书写，那是后来的事。此亦无心插柳也，竟然柳成荫。

就造纸术的起源，郑也夫的关注重点自然还是蔡伦。于此，树皮布是个关键概念。综合了多家之见后，郑也夫推定，随淮阴侯韩信而为史家所书的那个漂母，勿以其为洗衣妇，所从事的漂絮是一项职业，即制造树皮布。蔡伦造纸，就是从制造树皮布中得到启发并延伸而来的。其所造之纸，也不过是树皮布所附带而来的。这与后来以竹木造纸一致，更与郑也夫全书主旨吻合。当然，对这个结论，郑也夫郑重说明，"在这里，各种猜想都没有事实上的确定性，只有逻辑上的自洽与不自洽，推论上合理与不合理"。他只是认为，他钩稽幽微而寻得的这个结论，"要好于其他说法"。在我看来，不论读者是否信其然，作者剥笋般的推理，颇为有趣，而纸与人类文明、与日常生活之密切关联，正也值得我们留一份好奇心于"最初是如何造纸的"。

字与纸珠联璧合，成就了每一件独一无二的作品。如果想要复制、传布，怎么办？今人很快有答案，谓之"印刷"，使原本由一而得多。取"刷"好解，着墨之意。而所以称"印"，说的是此事脱胎于印章。我读到郑也夫此书之前，是全然想不到，雕版印刷的前身是印章，而印章是从西亚辗转传到华夏的。这之后，印章不仅成为中国艺术的一种形式，更重要的意义在于印刷术由之催生："当印章与纸张结合，并以阳文反刻出场时，印刷术中的雕版便呼之欲出了。且因印章与雕版印刷在技术层面上几无间隔，印这个字眼便同印章技艺一并嵌入印刷之中。"郑也夫后来强调"文明起源"与文化杂交的关联，从印章到雕版印刷即是显例。这是第五章《雕版印刷的起源》带给读者的新知与思索。

郑也夫说，雕版印刷的前身，除了印章还有石刻。这石刻，非先秦时的石鼓文，也非始皇帝的峄山石刻。去北京国子监的读者，能看到完整的乾隆石经，将儒家经典刻为石碑。作为雕版印刷所脱胎的石刻，却要前溯至汉唐。东汉的熹平石经、魏晋的正始石经、唐代的开成石经，我以前只当是华夏文化中独一无二的书，石质之书，作为官方发布的标准教科书。没想到它也算得雕版印刷的半个"前世"。郑也夫辨析了皇家刻勒石经的政治、文化用意，极显其识见。读者可以见到的是唐开成石经，在西安碑林。熹平石经，惜乎，连拓本都不得见了。

关于雕版印刷，最好的一本书在扬州，却不是纸版的，这"书"名为中国雕版印刷博物馆。若非中国雕版印刷史蔚为大观，举世无匹，风雅的扬州城里是不会也不值得立起这么一座博物馆的。

至于另一种印刷术，活字印刷，看来非华夏所擅，也非华夏所好。一般所知的"毕昇发明活字印刷"，还得慎言。这一项，韩国更偏好，活字印刷技术也更精湛。此可见郑也夫第六章《活字印刷的发明》的论述。就欧洲文化进而整个人类文明而言，古登堡发明活字印刷才是最紧要的。至于他是否得了中国或韩国的活字印刷之启发，似难断言。一个关键点是，拼音文字尤其适合活字印刷："活字的全部潜力，也要靠字母民族去发掘。其巨大潜力在很长一段时间与非字母民族绝缘，只属于字母民族。那潜力会吸引其发明家和投资人。因为那潜力就是商人追逐的利润，就是发明家着迷的效率。"这分析，就大可玩味了。居然，催生活字印刷并使之风行的，是欧洲文明中的商业逻辑。而商业因素在农耕的华夏，末而非本，文化取向、审美品位、历史进程受商业影响极小。说中西之异，这是向来所未察者。郑也夫论述活字印刷，无意中也佐证了我这一点看法。添一快意。

这一路的文化史考察，有趣而完整。一方面，从文字到其载体纸，再到传播技术，这是逻辑之链；另一方面，从四五千年前甚至更早的文明孕育与初生，到五百年前活字印刷成型，这是时间跨度。更有趣的是，娓娓道来、辨析细腻的郑也夫，原本的专业领域是社会学。他这一下算得是个超级票友。无论郑也夫是哪个"专业"的，他都是个手不释卷者。端详手上卷辑，难免不多想点与专业无关却就在手中的话题，文字、纸张、印刷。大概他这本书，就是这么"多想"出来的。毋宁说，这恰就是本业，一个真正的读书人的本业。非此本业，"专业"便无根。

郑也夫的推敲，合为《文明是副产品》，中信出版社 2015 年版。

郑也夫还是顾到了他的专业的。在谈论文字起源之前，郑也夫分别用第一章说"外婚制的起源"，以第二章论"农业的起源"。这个编排，很有意味。他说，"外婚制乃至与其互为表里的乱伦禁忌，是人类第一项制度安排"。如此，从婚姻形态说起，正是顺理成章。然则，繁衍与生存，于人类，何者为第一，实难说清。我们只能说，生存与繁衍，是文明的动因，遂成今人梳理文明进程的入口。先人早已明言，

"食色性也"。只是，作书的人不能不有个顺序。所谓"花开两朵而各表"。这里另有奥妙，提示于读者。生存需要取食，渔猎、采集，游牧、农耕，这是人与自然的关系，即文明中向外的一面。繁衍则在自身，这是人与人的关系，即文明中向内的一面。

解决繁衍问题而带来的后果是，"人类构建了一个生物世界中所没有的社会结构：由一夫一妻的家合成的群。如此选择，可望赢得空前巨大的收益：性资源平权后成员之间可以产生积极和深入的合作；而群体生活中复杂多样的种内博弈，促进着物种智商的自然选择，并将每个个体的经验传播和积累成文化"。这话的核心是：在群居中产生并促进后天所成的经验而积累成文化。郑也夫从婚姻制度入手讨论文明起源，基点大抵就在此。

农业起源问题，也有了大量的研究。大体而言，农耕、定居、制陶是相伴、并行的。在这个话题里，郑也夫还讨论了阶级、市场、宗教三个因素与农业起源的关系，这算是社会学的本色。一个感兴趣于农耕起源的读者，读郑也夫的这部分论述是很不够的，虽然他写得也颇为生动、有趣。最值得注意的是，他起始就定下标题："农业起源，文明之天问"。难题不在何时、何地、何种作物之驯化而有农业，难在几乎永无可求索从采集转向种植的机理。文字的起源同样是天问，甚至更无从求解。这类论题，注定了人言人殊。

因此，作者的立意是此书"兼顾人类文明史和探讨文明起源的思想史"。读者可以从前一部分知晓作者一家之见，从后一部分了解相关问题的学术脉络、前贤所论。这使得《文明是副产品》带有知识汇编的功能，甚好。而作者在文献注释中少见地就所涉及的文献做或长或短、有褒有贬的评议，给了读者更多的引领。这也是本书值得推荐给读者的因由之一。

作者的一家之见，常常来自其严谨、细腻的推理。尤其第一章、第二章，读者大概会觉得像是在读推理小说。作者确实是在"破案"。先民如何走到外婚制？又如何开始种植麦、稻而有了农业？这两个疑案，恰成对比。作者认为，农业得以出现的条件极为苛刻，所以种植只存在于极有限的区域；而外婚制，似乎不受地理因素的局限，成为先民普遍采用的交配与繁衍制度。农业的起源，从植物的特性与人的需要出发，一层一层推理；外婚制，则是从动物的生理本能与身体特征出发，探寻内里的奥秘。

最后的第七章，《文明与副产品》，实际上是全书的总论。前六章分别讨论的外婚制、农业、文字、纸、印刷术是各论。这个编排体例不免特出，却是逻辑使然，也是作者方便读者。第七章里，作者力图阐释抽象的、普遍的文明机理。如果读者开卷便见这一番论述，既少了必要的知识铺垫，也会觉得无趣、隔阂。

至乎"副产品"一词，却是颇可斟酌的，虽然作者在后记中特加说明。我理解作者的意思，反对文明进程中的目的论。可是，有相对于"副产品"的"正产品"或"主产品"吗？也许用"附产品"更达意。作者的立场，我概括为，文明中充满偶变，无目的的行为伴随偶变，有目的的行为也常常天不遂人愿而偶变。所以这些文明中的"产品"是附带着来的。可是，这些"产品"附在哪儿呢？这些又何止为文明的"产品"？它们不是文明本身吗？若将书名易为《文明不过偶变》，不知作者意下如何，更不知读者读过之后是否同意。

最后要说及，书的装帧很契合其主旨。书页用的是土黄色铜版纸，柔和。这像是作者在黄土地上书写。封面满满的绿中带了点淡黄，除了书名、署名，别无图案、线条，简约素净，读者像是看到了庄稼地里的禾苗，连绵铺展，生机盎然。拿在手上，略觉得沉。这沉，并非沉甸甸，更不是沉重，是沉稳，沉思，沉静。

一本严肃、纯粹的书。空间上是中国学者与西学对话、辩驳，时间上是接续前贤、开示来者。

文明是副产品

郑也夫 著

中信出版集团 CHINACITICPRESS

何言进步

我们如何对待历史，自己的、他人的、共同的

国人今日有一进步史观，习焉不察。其全然为舶来，非华夏原生之意识。也不过几十年时间，"外来和尚"所念的这一"经"，竟成国人不假思索之"历史意识"，近于匪夷所思。不可不察焉。

西洋的观念中，"进步论"的时间也并不长。恰有史家留心于此，细致爬梳了思想史上的这一脉络，使我们可以了然不难，更能究出点奥妙。剑桥大学的历史学教授约翰·伯瑞（John Bagnell Bury），于1920年出版《进步的观念》（*The Idea of Progress*）。此前，我读过他的簿册《思想自由史》，以助明辨。此番，为添博览，读《进步的观念》。赖范祥涛迻译于中文读者，上海三联书店刊布于2005年。

伯瑞眼里，欧洲精神世界里以"进步"看待历史，始于Jean Bodin。此人，大概以"主权论"为国人所知，通称其为"布丹"或"博丹"。在发表政治学著作《共和国六书》之前十年，Bodin即发表《轻

松理解历史之方法》于 1566 年。我与伯瑞，时间相隔百年，空间各自东西。我关心的是，由 Bodin 首开"进步论"的时间，能够捕捉到某种隐而不显的微妙吗？

Bodin 之前几十年，哥伦布劈波斩浪，脚踏美洲"新大陆"；哥白尼推演天文，摞起五卷本的《天体运行论》。欧洲在地表上扩张、征服，哥伦布肇其始；将天地自然解剖、拷问，哥白尼发其端。这是欧洲文明向外显力、示威，不经意地造成了"全球化"。哥伦布脚下，哥白尼笔触，宣泄、流动的是"欧洲之力"。简直所向披靡。或许，Bodin 的历史观，不过是哥伦布与哥白尼之"因"所结之"果"。易言之，今人要理解"进步论"，应当不离全球化这个关键因素。当然，Bodin 无从知晓这因果关系，他在"剧中"；伯瑞也看不透内里的蹊跷，他在"局中"。

伯瑞区分进步论的三个阶段，其中，"十八世纪只是将进步视为一种基于非常不充分的归纳的纯粹假设，那么其继承者圣西门和孔德，则寻求通过发现如物理学万有引力定律那样站得住脚的社会规律，将进步提高到科学假设的高度，以系统地探讨其意义和确定地阐明人类运动的方向。从此，进步观也进入了一个新的发展阶段"。圣西门学派将"进步"作为历史的锁钥和集体生活的准则；孔德力图确定进步所遵循的规律，提出社会发展"三个阶段的规律"，即神学阶段、形而上学阶段和实证的、科学的阶段。显然，不只是圣西门的学说影响了德国思想家马克思，看来孔德的思路与逻辑对马克思的历史观起着更直接和深刻的作用。我看过其他文献分析马克思的进步史观乃接续黑格尔的历史观。但是，非常奇怪，伯瑞讨论"德国对进步的思考"时，莱布尼茨、康德、黑格尔、费希特、谢林等都赫然在列，却没有马克思。不知何故。

我阅读中思考，为什么在近代自然科学渐渐丰满、成熟的过程中，进步论也越发完备、周全？由《进步的观念》所提及的某些事实的触动，我猜测，一定是欧洲知识的积累和技术的更新，使欧洲人越发清晰地知道，"今日之我非昨日之我"，甚而"今日之我优于昨日之我"。伯瑞提到进步论的第三个阶段是 1850 年之后。其时，达尔文以《物种起源》昭示了生物世界的进化，"由低级而高级"。既然"物种"如此，"为万物之尺度"的人，若不是"日新、日日新"，情何以堪？其时，1851 年的伦敦博览会，《爱丁堡评论》称"捕捉人类进步的生动画卷，其中记录了人类智慧的每一次征服"。可以想象，率先"工业化"的大不列颠，以及由"日不落帝国"所代表的欧罗巴，是何等志得意满。伯瑞之为史家，确实并不止于描述进步论的演变，他归纳了与进步论的产生、完善所勾连的两个因素，正是知识与技术。

"进步论"的破绽就显出来了。要是这一套实证知识只是人类理解物质世界和生命世界的有限形态，知识积累并没有"剧中之人"所以为的那么关系重大，人的历史还是"进步的"吗？要是技术固有其两面性，而以技术延伸、增强人之"力"不可没有度，因而人在逐力以逐利之时不可不谨慎、谦抑，人的历史还是"进步的"吗？或许，欧罗巴的心灵，不易明乎此。伯瑞倒也以非常隐晦的笔调，写下"进步本身是否暗示着它作为一种学说的价值只是相对的，只对应于某个不是非常先进的文明阶段"之后，搁笔。

倒是伯瑞之后，身为哲学家的赖特，以"进步的神话"为题，认为"关于进步的现代观念"有两个支流,"一个支流是通过知识的积累和科学技术的发展而来的进步观念。另一个支流则把进步与人以及公民秩序的完善相关联"。他敏锐辨思,这两个方面都难称"进步"。这并不简单地是哲学家把史学家的暧昧挑明了,更是欧洲文明及其推进的全球化又走过几十年后的时移事易使然。

全球化狂飙突进中,古老的华夏也为之所裹挟。欧风美雨浸淋下,进化论与进步观广受推崇、追捧,奉为真理,竟至以为"救亡图存"之法门。如今辨析,百多年来华夏这情景,未尝不是一个原本正常之人,体虚衰弱之时恰遇外邪,难免不遭侵入,一场病。心病。何人有此识见?

三十年前,华夏学子河清,踏着全球化又一波汹涌浪涛而去,负笈塞纳河畔,攻读艺术史博士学位,前后旅居巴黎十年。以这般会通中西之力,着意于《破解进步论》,修订版由中央编译出版社 2012 年刊布。此书副标题"为中国文化正名",才是河清主旨所在。

说来也巧。比起德意志与英吉利,法兰西的土壤似乎特别适合进步论这个思想之果。"大革命"里为罗伯斯庇尔所绞杀的孔多塞,所著《人类精神进步史表纲要》(何兆武译,三联书店 1998 年版)就是进步论的最重要代表作品。河清原本来求学,却未服膺进步论,反而看出其中的蹊跷。大概是因为三十岁的河清身上流淌着超过三千年的文化血脉。

河清敏锐地发现了两点。其一,进步论暗含着西方中心主义和西方优越论。拿摩尔根的《古代社会》来验证,恰是如此。按照我上文的说法,可以明了,西方中心论与优越论,是哥伦布与哥白尼留给西方的遗产。而这个遗产，严格地说，要在英国率先工业化之后才显露出来。此前，莱布尼茨所代表的欧洲思想，对东方的华夏是极为赞赏乃至膜拜的。莱氏《中国近事》一书即是。他还力图引汉字入欧洲。等到工业化使得欧洲具备了矿物能量与钢铁之躯，便越发地恃仗手上力器了，以之为利器。那艘耀武扬威地驶进虎门、轰击五千年文明的"复仇神"号军舰，是英吉利的暴戾与傲慢的直观呈现。

"复仇神"号的傲慢，背景是基督教。这也正是河清发现的第二点："西方人向上帝造反夺权，上帝神性的光环开始剥落。西方人不再心驰神往于上帝高邈的天堂，而是开始自信，凭人类自己的力量就可以在尘世实现地上的天堂，进步论便应运而生。"尤其这两百年来，进步论成了"宗教代用品"。西方经历了"现代性的断裂"，真理代替上帝，科学代替神学，人借着实证思维和钢铁力量而"自比上帝"。故而，河清揭示，"进步论的世界主义是一种伪世界主义，实际上是将西方文化世界化、普世化"。这可以提供另一论证。没有基督教大概就不会有进步论，这就如同没有基督教就不会有无神论一样。而一神教基督教，就人类的精神生活而言，也着实是独特的、另类的，不具有普遍意义。

东方的河清，看清了西方的片缪。他回望故土，看到的是沉沦，百年来华夏族精神世界的集体沉沦。他因之焦虑、愤懑，意欲正本清源。百年中国，在河清眼里，"是一个文化上丧魂落魄的中国"。谁说不是？他把进步论断为"国人文化自卑的总根源"，申言"只有销毁这一剂毒害中国人百年的精神鸦片，中华民族才能真正实现文化独立和自强"。最该审思。

东西方参照，河清说，"整个一部我们今天在大学、图书馆和媒体读到的西方史或世界史，是西方人虚构伪饰、然后向我们灌输的历史。一部几百年充满血腥的西方暴发史，竟美化成自古就高贵、自古就理性、举世野蛮我独文明的历史"。这话，够跌破眼镜吧？恰是实话。河清也特意引证了法国人类学家列维—施特劳斯的论文《种族与历史》以及其他的一些当代文献，来驳斥进步论、揭开西方历史的"画皮"。我自己也完全能够从其他文献中得出与河清同样的结论。河清此处用的是"子矛子盾"的路数，够尖锐，却少了雄浑。可惜。

历史若非"进步"的，难道是退步的？《进步的观念》里，伯瑞便专辟一章，谈论"退步论：古代与现代"。退步论着实难以让人接受，至少就人心人情而言。而进步论，似乎契合人的心理，"未来会好的"；也能够给革命、造反以正当性，因为"好的"在未来，革命、造反就是创造"未来"。

历史若既非进步，也非退步，又是何种玄机呢？历史若既非进步，也非退步，又有何种意义呢？

这问题，河清没有说清；雅斯贝尔斯的《历史的起源与目标》，也无从给答案。我倡言"中文版人类叙事"，便关联着这个问题。三十年前张光直预断"二十一世纪的社会科学，是中国的世纪"，也关联着这个问题。

THE IDEA OF PROGRESS

进步的观念

[英] 约翰·伯瑞 著　范祥涛 译

上海三联书店

冶金术：文明之成耶，败耶

人类如何以大地为母亲

汤因比临终绝笔：

"如果人类没有发明冶金术，如果人类在达到新石器时代的技术水准后没有取得更高的技术成就，那对我们的子孙后代可能会更好些。"

今日读者，以之为老朽胡言，还是当头棒喝？

1975 年，享誉全球的英国历史学家汤因比溘然长逝，终年八十有六。我在海岸线极为曲折的闽东读着小学，一个偏僻、孤陋的少年，无如蒙童。其时，我和汤因比，简直就是两个世界的人，年龄、地域、学养、智识、地位、名望，更不用说中国在政治上的闭守和中西文化上的差异。十年后，中国学界最为活跃的八十年代中后期，我得以知晓世上有个"汤翁"，著作等身、望重学林，尤其是堪称巨著的《历史研究》。他生前与日本的池田大作有个对话，以《展望二十一世纪》行世，风靡一时。这期间，间接得知，汤翁有言，"人类没有冶金术，会更好"。这话，让我极为诧异，又无力理会。

汤因比身后，在数十部著作之外，另有 1973 年的一部手稿，《人类与大地母亲——一部叙事体世界历史》，牛津大学出版于 1976 年，寄寓汤因比漫长学术生涯的最好纪念。最新的中译本是上海人民出版社 2012 年重新校订的版本，徐波等合译，马小军校译。《历史研究》对于非专业人员而言，过于厚重。两卷本、六百多页的《人类与大地母亲》，则几乎是一般读者了解人类历史的最好读本。不仅因为其篇幅得当，不仅因为其少见地不以欧洲中心主义自大，不仅因为译者所言"抒情诗般的优美笔调"，更因为一个饱学硕儒以宏阔视野、丰富人生，于即将作别人世之际，娓娓道出生命感悟、文明静思，奉献于人类同胞。

汤翁恳切之言，果然是肯綮之言？我写这篇短文，权当东西相别、阴阳两隔之下，遥遥呼应汤翁所思、所虑。此乃致敬前贤、接续明辨。

政治学、经济学、社会学，按华勒斯坦在《开放社会科学》中所厘定，属于社会科学的核心，我以之为接近于实证科学的社会科学。相较而言，历史学可算是接近于人文学科的社会科学。在史实、史料之外，史家之情思、感怀自当有一席之地。史家著述，原该有别于那些实证取向的社会科学，方可称为上乘。否则，纵然客观、准确，也是坚硬、干涩。手捧《人类与大地母亲》，犹如汤翁当前，耳闻那"很久很久以前……"的话音，平缓、平和、平静。这情景，岂止史家向读者展示漫漫史卷，已是老者追叙往昔、祈福未来。这情景，又像是如父兄长向渐渐长大的幼弟细说家史，只因幼弟初生母亲即撒手人寰。

汤翁以绝笔重述文明史，写下的竟是《人类与大地母亲》。我今日以去地化、无根性断言文明的当下情形，汤翁在四十多年前大抵也如是之观？此书若名《人类与生物圈》，足以达意，汤翁却嫌不能传情。他在全书接近停笔之际，郑重提示，"人类，这个大地母亲的孩子"，是否"继续他的弑母之罪"？

汤翁在平缓、平和、平静中暗含深思熟虑，最在前五章。这分别是《自然现象之谜》《生物圈》《人类的降生》《文明中心》和《技术革命》，可以说自成一个单元，明显区别于后续各章按照时间与空间来叙述人类历史。读者需要一点儿耐心，更需要一点儿智慧，不可随手翻过、囫囵吞枣。其谋篇布局之精巧，要在最后三章渐次呈现，第八十章《生物圈（1763—1871）》、第八十一章《生物圈（1871—1973）》和第八十二章《抚今追昔，以史为鉴》。

史家说史，由生物圈或曰自然环境起始，现在大概也算常规路数了。新近的《人类简史》《大历史：虚无与万物之间》甚至拿宇宙生成来开头。我总觉得过于宏大，乃至夸张了。汤翁谈生物圈，很节制，"指包裹着我们这个行星地球表面的这层陆地、水和空气。它是目前人类和所有生物唯一的栖身之地，也是我们所能预见的唯一的栖身之地"。这唯一的生物圈，"规模极为有限，因此所包含的资源也很有限"。人类生存前提乃唯一而有限，是汤翁理解人类文明的基调。我何以赞成此一基调？若是以宇宙为人类文明的背景，那就是拿一个无限的"天界"来对应人类欲壑难填的无限"心界"，"心"就极易大成魔。承认"天界"诚然有限，便尽力在行止中将心收一收，不可一味撒野。这才可以叫"文明"。

我这理解，大概不悖汤翁之意。极简洁扼要地讲"人类的降生"时，说的即是"意识觉醒后在道德意义上降生"，人类遂有行善与为恶两重性，竟至于到了"人类在道德层面上最显著最不可思议的本性特征是人类道德所能达到的程度。与道德范围本身同样显著的另一个特征是人类在善恶两极之间的道德潜力"。早先，法国的班达在《知识分子的背叛》中说过类似的意思。人类一方面始终存在大规模的恶行而无以制止，另一面人类又始终没有产生崇尚恶行的价值观。班达认为人类的文明就存在于恶行充斥与鞭挞邪恶的缝隙里。汤因比"这部讲述人类与大地母亲的相互遭遇的编年史的主题"，在我看来恰是，人类文明如何内含着自我矛盾。起首所言"自然现象之谜"，是暗含着文明的内在矛盾的。汤因比认为，这根源于"人是一种两栖动物，同时生活在生物圈和精神世界中"。

工业革命看来是凸显了人类文明的内在矛盾："在这两百年中，人类已使他的物质力量增大到足以威胁生物圈生存的地步；但是他精神方面的潜能却未能随之增长。结果是两者间的鸿沟在不断地扩大。"随人自身的鸿沟扩大，"人与生物圈的关系颠倒了"。这如今已是常识了，所不同的是面对这一事实的态度。汤翁忧心忡忡："迄今为止，像生物圈中的其他芸芸众生一样，人类仍无法超越生物圈为他提供的生存空间的限制。凡是那些试图超越生物圈所容许的生存界限的物种都曾经使自己陷于灭种之灾。事实上，连同人类在内的一切物种，迄今为止都生活在生物圈的恩惠之下。而工业革命却使生物圈遭受了由人类所带来的灭顶之灾的威胁。人类根植于生物圈并且无法离开它而生存。因此，当人类获得的力量足以使生物圈不适于人类生存时，人类的生存便受到了人类自身的威胁。"这话，如今大概人人会说。可毫无疑问，人类在解决汤因比深为担心的这个问题上，似乎知易行难。行动领域，人类遵循的依然是无止境地追求新技术的逻辑。这个逻辑不丢弃，依然沉湎于工具主义和物质主义，就必定是最终将生物圈丢弃，也就是将大地母亲丢弃。丢弃不了这个逻辑，是因为消费主义，即无节制地满足贪欲、追求奢靡，心魔难降。这正如汤翁所批评的，在工业革命进程中，"英国以人类的好恶打破了生物圈和人类之间的力量平衡，这最终将使生物圈在人类的力量作用下，变得不适于所有生命物种的生存，其中也将毫无例外地包括人类自身"。

所谓工业革命，追溯其源头，恰是冶金术。或者说，冶金术的极致形态，乃是工业革命。西方的思维里，冶金术足以与文字等量齐观，决定了文明与野蛮之分，被公认为判断一种早期文化是否够得上"文明"的不可缺之标准。这一思维，远的，与西方文明尚力关联；近的，则显然是工业化的观念反映。汤因比之敏锐、犀利，就尤显其眼尖。老眼不昏花，在心力。

除了唯一性与有限性，汤翁之生物圈，"各种成分是互相依赖的，人类也和生物圈中所有的成分一样，依赖于他与生物圈其他部分的关系"。即便是人性，"包括人的意识和良心，正如人的肉体一样，也是存在于生物圈中……如果生物圈不再能够作为生命的栖息之地，正如我们所知，人类就将遭到种属灭绝的命运，所有其他生命形式，也都将遭受这种命运"。因此，汤因比认为，"生物圈通过一种自我调节和自我维护而获得的力量平衡实现存在与生存"。我猜测，他可能认定冶金术使人类具备过于强大的物质力量，从而打破了各种原本相互依赖的物种的"自我调节和自我维护"的关系，打破了"力量平衡"的状态：

在农业和畜牧业中，人类的技术力量与大自然的生产能力是平衡的。冶金术发明后，人类的技术能力开始对大自然提出更多的要求，在生物圈仍然作为生命栖身之地的整个时期内，大自然无力满足这些要求。如果从未来二十亿年人类生命的前程出发考虑过去一万年的人类历史，人们也许会觉得，如果人类没有发明冶金术，如果人类在达到新石器时代的技术水准后没有取得更高的技术成就，那对我们的子孙后代可能会更好些。如果人类在学会使用金属以前，制造工具的技术没有继续向前发展，那么，现在人口的数量和物质财富无疑要比现在的实际数量少得多。另一方面，人类的生存将更加安全，因为那样我们就不会面临把不可再生资源使用殆尽的危险。

或许，汤因比说得还不够透。三年前，我在长江南岸的铜绿山铜矿遗址，面对空荡荡的矿坑，遥想始于商代乃至夏代的采掘，下迄宋代，终于回答得了汤因比在我十岁时提出的问题。枯竭。

冶金文明之辉煌，以地表上一个个废弃的矿坑为代价。工业文明之繁盛，以矿物能源之不可逆的消耗乃至近于枯竭为代价。冶金术之前，人类的文明，难题或许是匮乏。冶金术盛行，文明的难题，转为枯竭。我甚至以为，枯竭，毋宁是文明之癌变。枯竭的，已非各种无生命的矿物质。森林、草场、冰川，萎缩、消退。动物、植物灭绝，乃是生命趋于枯竭。阳光、空气和水，在枯竭中吗？空间与时间，在枯竭中吗？工业化逻辑包含的标准化，消灭了文化的多样性，这是隐蔽的枯竭吗？人的心灵，随物化的生活和理性化的关系，是否渐渐少了温润、纯净，从而接近于根本的枯竭？

说回文明的内在矛盾。文明本意味着创造，引火、陶土、冶金是创造，驯化各种动物、植物是创造。没有创造便没有文明。可是，冶金术之为创造，除了生成农具、礼器，也制造兵器、利器，使毁灭之力暴增。冶金术的内在逻辑，竟然是在毁灭中创造、以创造而毁灭，合毁灭与创造于一体，藏毁灭之实于创造之名。六十年前，批判理论家马尔库塞在《单向度的人——现代工业文明及其意识形态》中揭露，工业文明不过是把不合理隐藏在合理中。他看来也只是轻描淡写。

这岂是文明之本意？这岂非文明之悖逆？

工业化使人类的"文明"变成戕天伐地，这便是汤因比所言"弑母之罪"。西方在其古典希腊时代，文化上就有弑父淫母"情结"。那么，全书最后汤翁所寄望，大概就是他的"临终遗言"：

中国人在自己"完成了一项伟业"后，"对处于深浅莫测的人类历史长河关键阶段的全人类来说，都是一项伟业"。

而吾人更当谨记《老子》所言：

天下有始，以为天下母。既得其母，以知其子。既知其子，复守其母，没身不殆。

此为"守母以存子"之义理。

世纪文库

人类与大地母亲

一部叙事体世界历史

〔英〕阿诺德·汤因比 著

上海世纪出版集团

火事，火势

文明乃是人引火、玩火

大几十年前，一个法国人用颇具文学色彩的笔调谈论火。我最为意外的是，他说火有纯洁功能。这最典型的体现是熔炼，将矿石中的金属提炼，也就是将与金属相伴、黏附的"杂质"去除。他这有趣的说法，使我既得以从深一层看待火，也多了个角度理解青铜文明。不仅冶金术体现了火的纯洁功能，耕作中用火烧掉野草也是火的净化作用。倒也是。还有一个耐人寻味的情形，煮熟食物乃是"战胜腐烂"。腐烂显然是纯净之反面。如此说来，熟食便平添了一分意味。

这是巴什拉在《火的精神分析》一书中所写。杜小真、顾嘉琛译，三联书店 1992 年版。岳麓书社在 2005 年也出了一版中译本。我常常觉得，法国人写的书风格过于独特，不易合国人的阅读习惯。此书亦然。可要是有谁，因巴什拉将火与纯洁相联系而生出极大兴趣，倒不妨读《火与文明》（*Fire and Civilization*）一书。作者为荷兰社会学家约翰·古德斯布洛姆（Johan Goudsblom）。此君为阿姆斯特丹大学教授，尤其专长于生态史研究。他这本书也不妨视为以火为线索描述生态史，当然更是以火为线索梳理文明史。中译者乔修峰，花城出版社2006年版。读者可以不将这本书当学术著作，只当是作者既宏观又微观地讲故事。他讲的是火事，更讲的是火势。

《火的文明》可谓别开生面。作者以严谨而广涉博览，在中译本序里断言，"真正写火的书，极为罕见"。这权当是此书堪可一读的部分原因。

文化地理学家索尔认为，火是人类改变地球面貌的主要工具。也许，火甚至是人类改变生态系统的唯一工具，其他所有的工具和途径都必须基于火，毋宁是火的延伸，是用火与控火之技术提升。人类的历史，若是以火为线索，古德斯布洛姆分了几个阶段。

序幕，被动用火：使用偶然遇到的自然火。在这人与火的关系的最初阶段，人与动物在用火上并无区别。

第一幕，向主动用火过渡：人类开始"对火施加影响，使之持续燃烧，并对燃烧过程加以控制。这在一定程度上控制了火，并有意地利用火"，包括取暖、照明、取食和加工食物。在这个过程中，"人与其他动物的分野不断扩大"。尤其是，"人类群体用火狩猎，无意中改变了地貌。后来，人类特意这样做"。从人类视角来看，这是生态史的第一阶段。

第二幕，产生农业：生态史的第二阶段。"在学会用火后，又过了很长时间，人们才开始选择一些动植物加以驯养、培植。这就标志着由人类发起的第二次生态转变之肇始。若非已经很好地控制了火，这一转变就不可能实现；而一旦开始了转变，就会反过来影响火在人类社会中的作用。"

控火的一个具体情景是，"火越来越分散开来，限制在各种特制的'容器'中，如炉、灶、灯具等"。这个说法轻轻触动了我，表明制陶使人类还可以将火收容，不仅是收容水、食物。那么，后来又有怎样的容器来盛火呢，尤其到了工业文明？

第三幕，工业文明：比起农业文明来，最直观的变化是从地下开采的矿物燃料。"现代的工农业生产是高度燃料密集型的，而所消耗的大多数能量，包括电，都源自煤、石油和天然气等矿物燃料。燃烧过程依然起核心作用，但都转移到了特制的容器中。这样，大多数人就免去了直接接触火的烦恼和危险。火焰的不稳定性被完全控制了。"

比起从第一幕到第二幕，第二幕到第三幕实在是跳跃。这一跃，文明史就几乎是断裂式演进。工业文明带给人类不可思议的器物力量，足以改天换地乃至戕天害地。无如逆天行事。工业文明促进了商业，也越发依赖商业来消化强劲的生产能力，是为工商社会。

读者展开古德斯布洛姆的这一幅画卷，能看到极有价值的几笔。

其一，作者认为，在主动用火之后，人类祖先经历漫长过程终于垄断了火，另外的某些物种则可能因为无缘用火而阻碍了它们社会文化的进一步发展。尤其值得我们注意的是，"将火引入生活的迫切需要，也可能推动人类独有的语言和思维能力的发展。这一正一负，对火的垄断便拉大了人与其他动物之间力量和行为的差距"。这意味着，所谓"人猿揖别"，不在使用石器，火才是关键。法国学者佩莱斯在论及人类早期用火时曾说，心智的进步和新的社会组织是用火的关键，远甚于技术。算得精辟之见。这意味着，人借着火与动物世界分隔之外，也演化着种群内部的关系，即社会结构。

那么，除了语言和思维因火而催生，做个猜测，是否群体之中的权力也是在用火、控火中萌生的？不知是否已有或将有敏察洞见者能将这个问题揭示。

其二，控制了火，自然是人的成就，巨大成就。但是，古德斯布洛姆敏锐地指出，"控制的增加（通常是人们所期望的）会导致依赖的增加（从其本性来说并不是人们所期望的）。随着控制火的能力增强，人们就更加依赖那些确保火种易得并能减少火灾危害的社会安排"。其实，依赖的不仅是与火相关的社会安排，更是火本身。今天有哪个人能够从容、舒雅地面对短暂停电和手机没电？这就是彻彻底底的依赖。人固然因火得了自在，却也无法在火之外再得到自在。借个说法，人在掌握了火的时候，火也使人归顺，得以"役使""摆布"人。

其三，"火成了人类社会不可或缺的组成部分，人类学会控制火是社会文化发展的结果。驾驭了火，人类的生产力提高，变得更为强大；但对火的控制也增强了人类社会的破坏力，使人类社会变得更加脆弱。控制火是人类得以控制自然界的工具之一，已经且仍将包含在社会控制和自我控制之中"。《火的文明》的主旨，正是火的控制。这一立意，耐人寻味。文明是满足欲望与节制欲望之统一，实为一体两面。人类若只有用火、放火的技术，却无法妥当地控制火，便不足以称为文明，也必定因火势过猛而烧毁文明本身。

作者明了此间奥秘："拥有了火的群体为了保存火，总是要适应一些约束。这样，在驯服火的同时，他们也服从了火；在用火满足自己需要的同时，自己的习惯也好适应火。由是观之，对火的控制也涉及自我控制或文明。"所以，对于"我们该到哪段历史中去寻找由野蛮变为文明的那代人"这一问题，古德斯布洛姆认为，了解人类控制火，便有助于回答这一问题。而控制火，"也是一种文明进程"。他将文明进程析出三个层面：个人层面，社会文化层面，整个人类历史层面。最后一章谈火的控制，就是对应地分了这三个层面。

其四，火之所以要控制，不过是因为火势既能燎原又可冲天。故而，火事之中，控火遂比用火更紧要。否则定然玩火自焚。何以见得？

即使是在农业文明阶段，书中也有两处提到用火导致森林退化乃至枯竭，并因此影响甚至决定了一种文明的兴衰、存亡。文明史中的这一截面，着实令人另生警觉，与警觉于冶金术相关联。恰是古德斯布洛姆的如下之言："驯化动植物同驾驭火相似，控制的同时也产生了依赖：依赖控制对象，以及依赖实现控制所需要的技术工具和组织工具。要理解农业社会的基本结构和动力，就要记住这种双向趋势。一方面，这些社会通过有意扩大对非人类资源的控制提高了生产力，变得更为强大；另一方面，控制的加强也会增强总体的破坏力，使这些社会更容易受到各种灾难的攻击。"

全书正文两百二十页，其中第五章"火在古以色列"、第六章"火在古希腊罗马"和第七章"火在工业化之前的欧洲"，合计篇幅九十页，占比超过了百分之四十。直观上就有结构失衡之嫌。更大的缺陷则是，善于烧制陶瓷、使青铜熠熠生辉的东方华夏，到底如何用火、控火，作者不著一字。于是，虽然作者描述了火与基督宗教、火与战争、火与丧葬、火与刑罚、火灾与消防等，分析了火与社会分层的关系，也依然不足以成为"火与文明"的一幅全景图。作者似乎也因此自承，他没有跳脱欧洲中心主义这一窠臼。

若是有个中国作者著述"火与文明"这个大话题，读者大概能从他的书中读到，从陶到瓷包含了何种精湛的用火技术，唐代李畋制作鞭炮则使火完全换了身形，烟花带着尘世的欢愉装饰了天空以媲美漫天繁星，早在北宋就已经用煤火烧瓷，而西汉时的四川竟然采用今称天然气的"烟气"煮卤水成盐。可能是我读书有限，不知已经实有其著了。若此，便可添一分欣然。

回到巴什拉。谈及"火与纯洁"时，他用了"理想化的火"来表达。可这果真纯属理想？

火可以烧去杂草和腐烂，也可以烧杀病毒乃至丑陋。概而言之，火以毁灭的方式达到纯洁事、物的效果。正是这毁灭，暗含了人引火烧身之虞。比起"火的精神分析"来，这更需要辨析。

火既是文明中的生成之力，更是毁灭之力。火既可以敬神、怡情，又足以为非作歹。火还能用来隐瞒、遮蔽恶行，更可以用来烧毁城市、文献。火能毁灭，人们早已熟知。然而，今日，却需要进一步辨识，个人层面和社会层面之外，在人类文明的整体这一层面，火如何暗含毁灭之势？

但看火的效用，竟然能走向它的反面。本来，火以光、热满足了人类需要。现在，火技术使人类可以制冷，这很直观，空调、冰箱即是。火技术也使人类制造了黑暗，这不直观。网络时代是火技术的最新进展。在网络世界中，彼此不可互见，美丑、男女莫辨，虚实、真伪难知。这是人为的黑暗。这意味着什么？

　　与古德斯布洛姆不同，我以火为线索，划分迄今的人类进程为引火、陶土、冶金。在掌握了控制火和利用火的技术之后，约在万年前，人类烧制陶器并衍生出瓷器。这是赋予火以新功能，塑形。约五千年前，人类开始用火和陶器熔炼金属，并铸造为特定的形状，从铜到铁，相继覆盖了越来越多的金属。火—土—金，这是个累积与叠加的进程。两百多年前开始的工业化，将冶金术与矿物燃料叠加，是冶金文明的最高形态。工业化之初，烈焰猛火，火光冲天。渐渐地，火从视觉里退隐，为无明火，无所在，无所不在。它藏在暗处。这工业之火，又实在是以退为进，越发猛烈，如天悬十日，灼伤大地与生灵。当今，人类在一个新文明的门槛上，姑且称为编码。工业文明的暗火，造出了无明的网络世界。这是就人类的行动方式来说的。继续向前，是更加康庄大道，抑或跌落悬崖，未可知也。

　　人呐，怎生精灵？如何古怪？

火与文明

Fire and Civilization

〔荷兰〕约翰·古德斯布洛姆 著

JOHAN GOUDSBLOM

乔修峰 译   宁中 审校

花城出版社

人之所以为人者

只说了一半的《人论》

顾名思义，《人论》一书就其主题，即可归为人人当读之列。生而为人，能不主动自我观照？这样一个主题，径直冠名以"人论"，作者是否有托大之嫌暂且不论，实也未见另外的人如此"托大"地谈论人自己的。

恩斯特·卡西尔（Ernst Cassirer），是 1945 年辞世的德国哲学家。西方学术界公认其为二十世纪最重要的哲学家之一，而且是"具有百科全书知识的一位学者"。除了在西方思想史、科学哲学、语言哲学和美学诸领域的研究具有广泛的影响，卡西尔最富原创性的成就要数 1923—1929 年间的三卷本《符号形式哲学》，将"文化哲学体系"做了系统论述和详尽阐发。1944 年由耶鲁大学出版社刊布的英文版《人论》以"人类文化哲学导引"为副标题。这是卡西尔生前最后的著作，一方面乃应英美哲学界的"一再要求"而用英文简要阐明《符号形式哲学》的基本思想，另一面也融入作者二十年里所面对的新事实、新问题的新思考而足以表明其晚年的思想、见地。故此，《人论——人类文化哲学导引》是"卡西尔著作中外译文种最多、流传最广、影响甚大的一本"。

1985年，甘阳译《人论》，上海译文出版社刊布。一年里，此译本五次印刷，总印数超过二十三万册。这在今天，是个不可思议的天文数字。三十年前的中国，大学录取率大概在百分之十，远非今天高达百分之八十；三十年前的中国，读者普遍的知识储备与纯然西方背景下的百科全书式写作而成的《人论》相去极远，不似今日国人于西学已经不再陌生。五次印刷，二十三万册，正是那个热切于阅读的"八十年代"的写照，更是那个时代急切于自我认识的外显。三十年，"弹指一挥间"，现实情境也着实是"河西河东"了。可这一"弹指"，弹去了阅读的热切，也挥去了每一个时代都需要究问、深思的"人之何以为人"。且就着卡西尔的旧著，试一试"人论"这个古老的话题，能否开出新篇。

《人论》分上篇《人是什么》、下篇《人与文化》，合计十二章。第一章以"人类自我认识的危机"为题，表明卡西尔不仅要回答"人是什么"，也要一并解决"自我认识的危机"问题。他没有把此前西方文化在"认识自我"上的所有努力、成果当作误解、偏颇，而是用了"危机"一词。这很耐人寻味。也许是自我认识如此紧要，误解、偏颇足以引人类入歧途，造成人类文明之危机。卡西尔梳理西方两千多年的思想进程，颇为晦涩地表明此前自我认识的三条路径分别是德性的路径、神性的路径和理性的路径，都不足以达到"认识自我"这一"哲学探究的最高目标"。这是卡西尔清理"地基",预示他的"人论"迥别于德性的人论、神性的人论、理性的人论。对于一般的中国读者而言,这一章可以大略翻过,不必驻足。否则,那些卡西尔所清理的"瓦砾"很可能划伤足踝。

第二章《符号:人的本性之提示》和第六章《以人类文化为依据的人的定义》,依译者之见,"可视为全书总纲所在"。读者不妨把这当作译者隐蔽的阅读提示,在第二章之后随即阅读第六章。卡西尔直截了当地说,"对于理解人类文化形式的丰富性和多样性来说,理性是个很不充分的名称"。任何一个熟悉笛卡尔"我思故我在"这一名言的读者,任何一个了解理性经"启蒙运动"而大化流行于西方世界的读者,都不免在此如受撞击。理性,居然还是"很不充分"的。不过,也可以理解为卡西尔从笛卡尔的"我思"中抽取了超越理性的元素,符号。"所有这些文化形式都是符号形式。因此,我们应该把人定义为符号的动物来取代把人定义为理性的动物。只有这样,我们才能指明人的独特之处,也才能理解对人开放的新路——通向文化之路。"人由此"不再生活在一个单纯的物理宇宙之中,而是生活在一个符号宇宙之中。语言、神话、艺术和宗教则是这个符号宇宙的各部分,它们是织成符号之网的不同丝线,是人类经验的交织之网。人类在思想和经验之中取得的一切进步都使这符号之网更为精巧和牢固"。

与第二章着重于提纲挈领地直陈要义不同,第六章偏于解决"人论"的方法论问题,指明需要依赖"哲学的综合",以寻求"活动的统一性"和"创造过程的统一性"。核心在结束时的一段话:"在神话思维、宗教信条、语言形式、艺术作品的无限复杂化和多样化现象之中，哲学思维揭示出所有这些创造物据以联结在一起的一种普遍功能的统一性。神话、宗教、艺术、语言甚至科学，现在都被看成是同一主旋律的众多变奏，而哲学的任务正是要使这种主旋律成为听得出的和听得懂的。"

卡西尔想凭借"哲学思维"让读者何所"听出"和"听懂"？蔽之以一言，"人所异于禽兽者"。且回到第三章、第四章、第五章。我以为，卡西尔《人论》真正引人入胜的篇章即此。

第三章《从动物的反应到人的应对》，是将人从生物世界抽离。这似乎是无可争议的基点，以获得自我认识。卡西尔认为，"命题语言与情感语言之间的区别，就是人类世界与动物世界的真正分界线"。为此，"必须仔细地在信号与符号之间做出区别"，动物只是基于信号而行动；相应地，"动物具有实践的想象力和智慧，而只有人才发展了一种新的形式，符号化的想象力和智慧"。我的理解是，人类的"命题语言"包含意义，甚至就可以等同于意义，而动物的情感语言不过是其天然反应，无关意义。不知道把"命题语言"和"情感语言"另行称为意义语言与反应语言，是否能为卡西尔所接受？

第三章铺垫了第四章所讨论的"人类的空间与时间世界"。人不只是与动物有着同一个空间，例如生物圈，而且将空间符号化，例如使用经纬、南北之类的概念来表达空间，通过森林、草原、河流、沼泽之类的概念使空间区别。究其实，乃是人赋予空间以意义。更高一层则是，人类将空间抽象化，遂有诸如二维空间、三维空间等。卡西尔无从预见的是，他身后，人类居然无中生有般造出了虚拟空间，验证了"符号化的想象力和智慧"。至乎时间，人的世界与动物世界最大的不同，在于"未来"："在人那里，对未来的意识也同样经历了我们在讨论关于过去的观念时已经指出过的那种独特的意义变化。未来不仅是一个映像，它成了一个理想。"时间如果无关理想，它就只是工具？理想使人的时间有了意义？

卡西尔的匠心独运在第五章《事实与理想》中继续呈现。篇幅很短的这一章，卡西尔看来只想点到为止，我倒也觉得只需点到为止。起首的说法就很有趣："低于人的存在物，是拘囿于其感官知觉的世界之中的，它们易于感受现实的物理刺激并对之做出反应，但是它们不可能形成任何'可能'事物的观念。而另一方面，超人的理智、神的心灵，则根本不知道什么现实性与可能性之间的区别。"换个明白点的说法。动物没有"可能"，神则没有"不可能"，只有人在这个"可能"与"不可能"之间。这就是"理想"。理想意味着"可能超越现实"，决然之"不可能"不是理想；理想只能是"可能超越现实"，必定"超越现实"就只是现实而不是理想。"可望"，或许"可及"，是为"理想"。

如何来概括卡西尔所揭示的"人所异于禽兽者"？信号与符号，自然时空与符号时空，事实与理想，无疑都可由先天与后天这一对词来概称。动物只有先天，人类产生出后天，不仅是卡西尔所揭示之文化及其艺术、宗教、科学诸"扇面"，而且有伦理、仁义、礼乐。卡西尔关心的大概只是，林林总总的"后天"中，何者最可以取为"人之所以为人者"的标志与标识。

卡西尔在第三章结尾说道，"没有符号系统，人的生活就会被限定在他的生物需要和实际利益的范围内，就会找不到通向理想世界的道路。这个理想世界是由宗教、艺术、哲学、科学从各个不同的方面为他开放的"。我本来以为，分别以"神话与宗教""语言""艺术""历史""科学"为题的第七章到第十一章，会逐一讨论组成符号系统的各部分如何与人的理想相勾连。但是，没有。在我看来，法律使人在残缺的俗世得以作为人而活着，却注定无法过上理想生活。因此，法律不属于符号体系，哪怕也多取符号形态。而宗教，则是生命理想之寄盼，却不在凡尘；人又不甘于理想只在彼岸、天国、来世，欲求现世之生命理想，遂有艺术；而科学，尤其自工业革命以来，不过是在尘世以区别于艺术之抽象的技术之具象，求突破有限以达无限，以逞肆欲。那么，对于一般读者而言，分论人类符号形式的这几章，似乎与前文脱节了。要说并未脱节，也只是展开了各符号形式的具体内容，终究是缺了各符号形式在人类文化中的意义的论述。就此而言，愿意阅读《人论》的读者，可以只读占全书三分之一篇幅的第一到第六章，比较省劲地得个大要。也无妨只得个大要。

若是后半部《人论》之于前半部果真算有形无神，那我就只当卡西尔在《人论》中只说了一半。从另一角度看，卡西尔也只说了一半。这位"百科全书式"的哲学大家，其实只是在西方文明的脉络里洋洋洒洒地旁征博引，几乎没有涉及东方华夏在"人之所以为人者"这个论题上的沉思明辨，也没有基于东方文明的固有内涵而辨思"人之所以为人者"。卡西尔只是写了一本西方版的《人论》，毋宁说他的《人论》只是"论西方人"而尚未涵盖"所有人"。不妨说，他并没有真正解决这个"人类自我认识的危机"，倒是始料不及地添了人的自我认识的危机。当然，这显然属于人仁人智的问题。任何一个殚精竭虑于"人的自我认识"的思考者，别人看来都不是解决了问题而恰是添了"乱"。何以如此？

卡西尔有言："人的突出的特征，人的与众不同的标志，既不是他的形而上学本性，也不是他的物理本性，而是人的劳作。正是这种劳作，正是这种人类活动的体系，规定和划定了'人性'的圆周。语言、神话、宗教、艺术、科学、历史都是这个圆的组成部分和各个扇面。"问题可能就在此。劳作（work）是人类文化的源起，毫无疑问。因此卡西尔认定"人的突出特征"乃是劳作，看来顺理成章。然而，劳作是人与外部世界的关系，亦即"主体—客体"之关系。人的世界，除了人与外界的关系，还有人自身的关系。就人自己的世界这一面来自我观照，那么人之所以为人，大抵是另外的语词所表达的，伦理。与之密切关联的词，是礼乐，是仁义。主客二分的思维中，自由可能是最高价值；民胞物与的思维中，谐和可能更为可取。

《人论》最后总结：作为一个整体的人类文化，可以称之为人不断自我解放的历程。语言、艺术、宗教、科学，是这一历程中的不同阶段。在所有这些阶段中，人都发现并且证实了一种新的力量——建设一个自己的世界、一个"理想"世界的力量。

我们很当注意的是，卡西尔终于笼统提到了构成人类文化的艺术、宗教、科学与"一个理想世界"的关联。而这个"理想世界"，是"人不断自我解放"的结果。一言以蔽之，这个理想，就是"自由"。那么，这种自以为在束缚之中而渴望挣脱以"解放"的生命态度，是西方文化所独有的吗？是否另有一种文化，并不以"挣脱束缚获得解放"为生命目标，而是在物我无二、天人合一中以"参赞化育"为生命取向？易言之，在"自由"之外，有另一种生命形态，也足以奉为文化理想吗？

在谈及科学时，卡西尔说，"科学是人的智力发展中的最后一步，并且可以看成是人类文化最高最独特的成就"。这话，着实是与"人不断自我解放"吻合。然而，科学果真可以视为"人类文化最高成就"吗？它确然是一种"最独特的成就"。只有在商牧文明中，经由毕达哥拉斯、德谟克利特、亚里士多德之栽培，才成此"参天大树"。可这一"参"，实已有干天和。

从东方华夏看，"人之异于禽兽者"，在动物的先天只是顺生，人的后天在护生。天地以生生不息为大德，人不辞轻微、不敢自大，汇力于天化地育以应和天地之生德。此为"参赞"。不止"劳作"，无关"解放"。

还需要一部中文版的《人论》。

二十世纪西方哲学译丛

人 论

〔德〕恩斯特·卡西尔 著

上海译文出版社

融汇东方、西方心灵的精神生活

为何与如何"超越宗教"

    美国人大卫·艾尔金斯（David N. Elkins）既是学养深厚的心理学教授，又是宅心仁厚的心理咨询与精神治疗师。由顾肃等迻译、上海人民出版社 2007 年出版的这本《超越宗教——在传统宗教之外构建个人精神生活》，大可以帮助读者多一点了解、深思自己的精神世界，并提示读者为何与如何审慎、郑重对待与把握自己的精神世界。套个常用说法，这是一本学术与实用兼备并通连的书。艾尔金斯还有另一重堪为少见的身份，一个"宗教幻想破灭"的牧师而脱身于基督教，经历了个人的失落、孤独、无助、痛苦之后，在"有组织的宗教"之外寻得他自己的"精神性"。我便非常好奇，这个轻度叛教者，在书中如何讲述他自己，又如何帮助读者过上内含精神的生活。

    此书读来并不艰深，虽然一般读者偶尔难免觉得作者掉了点书袋。很多时候作者是以聊天的笔调说着，像是讲故事。也确实很多故事，古往今来。勒口的介绍上说他"发表过诗作"，这就难怪常常有散文般句式、诗意的语言。译者评介，"作者真实地表达了对生命的深刻认识，热情地抒发了对生活的爱恋赞美，不愧为一曲淳朴典雅的生命之歌"。随着艾尔金斯渐次铺展开主题，读者还能补充、丰富宗教、科学、艺术、个体心理诸领域的知识，更能得到一个看待东方文化并将东西方文化比较、参验的独特视角。这是我选取这本书的很大一部分理由。

先看看，艾尔金斯想解决什么问题。

卡西尔的《人论》，由符号说文化，讲的是人类整体上的精神世界。艾尔金斯以《超越宗教》，着眼于人类个体的精神状态。卡西尔要解决的是人类的自我认知问题，艾尔金斯要消除的是现代文明中个体的精神障碍。这一精神障碍存在于西方文明的"现代性的断裂"中，恰是相随"西方文明的最高成就"个人主义而来。因此，艾尔金斯看起来像是只针对西方文明中的个人，甚至更多关注的是美国人。不妨说只是他的素材来自美国和西方，他所切中的则是当下人类生活中的普遍问题，此即"社会的进一步世俗化和个人生活的去灵魂化"。这是因为工业化铁流滚滚，将西方的价值取向、行动逻辑、生活方式推行于全球，遂使红尘滚滚。非西方文明未必共享了西方文明的"成就"，可是问题已经病菌般蔓延了。出版者与译者通力合作，着意奉献此中文文本于中国读者，原因大概也在此。正是译者所言，"作者所举例子、所提供的方案也许并不都适合中国的读者，但其基本思路、原理和解决方法则无疑具有启迪意义"。

《超越宗教》分两部分讨论西方现代文明中的个人精神生活。第一部分约略可看作总论，第二部分是与之相应的分论；第一部分提出的是精神生活的含义与目标，第二部分具体阐述通向此种精神生活的各种路径。

西方这几百年，是从神本到人本、从神圣到世俗的断裂式跳跃。这一历史演化中，艾尔金斯首先要表明的是，人依然应该有着精神内涵，生命依然应该有精神维度。此即精神性。哪怕"上帝死了"，人的精神性也照旧存留。他不得不花不少笔墨，透出些苦口婆心，论证"非宗教的精神性"既是应该的也是实存的（第二章），包括灵魂（第三章）与神圣性（第四章）。在一个中国读者看来，"无关宗教的精神维度"简直是不言自明的。两千多年前就说了，"人皆可以为尧舜"；一千多年前就说了，"我心即佛"。不过，不言自明是一回事，艾尔金斯条分缕析地细说"精神性的多维度结构"，既算是他独家洞见，也帮助读者近乎了然于胸。他罗列了九项，似乎有些杂（第32—33页）。由浅到深、从外至内、自低而高，我另行梳理为：

第一层，在物质与精神的关系上，不从物质的占有与使用中寻求终极满足，也不试图把物质当作受困惑的精神需求之替代品。这便是宋人的话，"应物而无累于物"，不耽于物欲。

第二层，赋予生活以意义和目的，"以一种有关生命具有意义和目的的真正的感悟填补了生存的空白"，甚至将生活与责任、义务、使命相关联。所谓"天生我才"，不自弃。由责任和使命而践行利他主义和理想主义。亦即"参赞化育""厚德载物"。

第三层，悲剧意识，即人的痛苦、困惑和死亡所造成的生命严酷性的深刻意识，并由此"强化了愉悦、对生命的赞赏和评价"。这是"天行健，君子以自强不息"，乐观、坦然、从容地面对尘世生命固有之残缺，不消极、否弃、鄙夷。

第四层，超验与神圣性，"体验到一种敬畏、崇敬和惊奇的感觉，并不把生命分割为神圣和世俗两部分"。这与"天人合一"相通。

艾尔金斯的第九项我没法"摆放"到哪一层。"对于一个人与自我、他人、自然、生命和他称为终极者的任何事物之间的关系，精神性都有明显的影响"，这是"精神性之成果"。我以为，这说的与其是"精神性成果"，不如说是"精神性状态"。这一状态，乃是生命的境界，是因前四个层面的精神含义而来的。不同的人，如财富上的多寡有别，其生命的精神含义的丰富程度也定然有异，各自的精神性状态就固有不同。

艾尔金斯竭诚推荐构建精神生活的八大路径，我最为认同与推崇的是他列为第一项的"阴性特质"。他界定阴性特质是，"更加关系性的、直觉的、神秘的、想象的、艺术的、创造的、情感的、流动的和右脑的心理特质"；相区别并形成对比的是阳性特质，"更加逻辑的、理性的、分析的、连贯的、有组织的、构造的和左脑的心理特质"。按艾尔金斯的后文，阳性特质中应加一项与阴性特质中的"关系性的"对举的"分离性的"；又不妨把阴性特质定为"和合的、妥协的"，定阳性特质为"对立的、攻击的"。

艾尔金斯"诊断"，现代西方的男人们摆脱了阴性特质，而女人们正贬低着阴性特质，造成精神病态或枯竭，"与自己的灵魂相互隔绝，自身精神性的成长之路遇到阻碍"。他主张重塑阴性特质，以成为一个完整的、真正的女人或男人："一个真正阴性意义上的女人，往往是超越自身阴柔气质而获得深层次力量的女人；一个真正阳性意义上的男人，也就是超越自身阳刚气概从而抵达心灵深处之温柔境界的男人。因此，一个完整意义上的人，无论男女，都是阴性和阳性这两种心理特质皆获得充分发展并相互融合、相互支持的人"。此言极好。中国人讲君子温润如玉，使人如沐春风，正是艾尔金斯所称阴性特质使然；认为上善若水，女子以柔克刚，便是"阴柔气质中的深层力量"。

这就再不奇怪了，作者在论述"阴性特质"时，引老子所言"知其雄，守其雌"于题头。这是因为，"在我们自己的文化体系中，人们倾向于强调阳性特质，进而忽略、甚至背离阴性特质。在社会层面上，此种背离使得阳性偏见盛行一时，也使得那种男权社会结构长期得以维持"。不过，艾尔金斯又显然大有顾虑："阳性和阴性并非理想的合适概念，因为使用这两个概念会有性别歧视之嫌。尽管如此，只要我们牢记这两个术语指的是至少潜在地存在于男女人格中的两种心理特质就行了"。要是在中国语境中，这一顾虑就全然无需。阳、阴乃日之向、背，并不仅仅指男女，也并不首先指男女。日之向、背不同，便是物、事在属性、内涵上有不同，例如明与暗、昼与夜、热与冷、晴与雨、刚与柔，等等，概称为阳性特质、阴性特质。

我们很可以进一步，以阴性特质称华夏起于农耕而不中断之文化，用阳性特质定位西方有着明显的游牧基因的文化。农耕的、阴性的，也就是制陶的、重道的、内敛的、涵容的，是乐于并善于抱虚处静的。艾尔金斯注重阴性特质，毋宁说就是一种"向来路返回"的文化取向。

通观艾尔金斯的八大路径，大略可分为三方面：身心关系、人己关系、物我关系。

　　身心关系一面，由外及内，起于心理咨询（路径四）。这可以看作替代向牧师忏悔而获得心理纾解，进而精神愉悦、清灵。心理咨询乃至心理治疗为西方人之普遍情形，根源大抵在于牧猎文明所带来的心理紧张。一者，捕猎时的压力；二者，宰杀时的不安。我这个中国读者读这一部分，不免有些疏隔。其次是艺术的途径（路径二）。这和中国文化几千年来的生命安顿颇为一致，可以是牧童短笛，可以是黄土高歌。再次是神话学的途径（路径五），在故事、仪式、象征符号中寻到生命的精神维度。身心关系中最深层与深沉的，自然是塑造阴性特质（路径一）和生存磨难（路径八）两条路径。艾尔金斯把生存磨难称为"灵魂的黑夜"。宗教向来是人们无法承受生存磨难而渴望摆脱黑夜时的应对。艾尔金斯这个曾经的牧师，却力倡在俗世、凡尘中面对死亡、衰老、暴行、恐惧而在精神上修炼，其言固善矣。

　　人己关系一面，艾尔金斯提出两条路径。一是在家庭、社群、友谊中建立、享受生命的精神维度（路径七）。个人主义中的个人，已是"孤独的个性建设者"。我们今天很需要警惕这一端。艾尔金斯则力图为沉醉于"西方文明最高成就"的孤独个体指出一条生路。二是情爱与性爱（路径三）。就此，他从古代宗教得到提示，"真正的精神性是根植于我们的肉体之中的。精神性并非就是高坐云端、不食人间烟火，并非只有处女和独身主义者方能拥有。精神性其实就是世俗快乐生活的自然而然的果实。基督教历来极为推崇独身、贞洁和无性的生活，把这些看作道德崇高的表现。正是这种态度对西方文化体系造成了很大伤害"。炎黄子孙大可以庆幸，有圣人之言，"食色，性也"。

　　最后是物我一面，将性命安放于大地（路径六），不与大地隔绝，更不与大地为敌，领略大地的美，应和大地的呼吸与节奏。如此，大地犹如天堂。殊途同归的是，神学家汉斯·昆，在基督教文明中反思，认为"建立人与自然的伙伴关系代替人对自然的统治"。是的，寄情山水，物我相合。两千五百年前的《诗经》就已赞美着山川、草木、鱼雁。

我读得出，艾尔金斯竭力追溯人类原初文化时期，从中获得构建个人精神生活的内在理据。这是时间维度上从今返古。他也摆脱基督宗教即他所言"传统宗教"之束缚，向西方文化之外寻找构建个人精神生活的"他山之玉"以润身心。这是空间维度上自西向东。他因时间、空间双重的游走以寻觅良方，就成了一个基督宗教的叛教者。其实，艾尔金斯不止"超越宗教"，实则是在很大程度上超越了西方文化。

艾尔金斯为什么需要超越西方文化？

他赞同许多宗教学者的观点，犹太教—基督教是区别于母系宗教的父系宗教。例如艾勒斯在《圣杯与刀》中认为，耶和华是希伯来人的男性神，而犹太教—基督教的父权制态度可以一直追溯早期根源，即父权制的入侵者征服了和平的农业社会并信奉自己的男性神。我引申开来说。父系宗教一方面强调男性对于女性的统领、支配，导向禁欲。这是迥异于印度教的。父系宗教另一方面置人类于自然之上，凌驾、征服，造成人与大地之敌对。这是迥异于中国文化的。

至于科学，艾尔金斯也极为警惕甚至批判："随着现代社会的终结，我们正进入后现代时期。看起来我们也想给予科学和理性过多的信任。讽刺的是，我们曾把它们带进现代社会神话中奉为神灵，但如今却显露出，我们的科学神灵也有泥足。我们过多地信任理性、客观性和提供通向绝对真理之途的科学方法，几乎忽略了其他认识途径，并轻视人的体验的整个领域。结果我们的社会就丢失了与神圣性领域的联系，以至于四分五裂。"

"根据客观性和主客二分的原则，西方科学对自然的多种态度与西方宗教试图征服大地的态度如出一辙。现代科学的主要创立者培根，将自然描述为一个女性，将科学描述为试图捕捉她、征服她、掠走她的全部秘密的入侵者。"

我们则可特别注意，基督教（而非一般意义的宗教）与实证科学（也非宽泛所言的科学），构成西方文化的两维，携手将这世界征服。彼此之间，又不免抵牾、缠斗，势如水火。也许，西方文明固有其内在的裂痕，难以自洽？

超越
宗教

（美）大卫·艾尔金斯 David N. Elkins

上海人民出版社　　　顾肃 杨晓明 王文娟 译

科学：独特思维，还是普世知识

谁错识与错失

科学之大化流行，使人熟悉却陌生。何为科学之含义？这一思维方式及由此形成的知识体系，确然是人类文明固有的题中之义而普适，抑或只是特定的文明才结出的果实？于国人而言，第一个问题大概问得人轻易不敢回答，第二个问题定然问得人不知所问甚至以为问得无理取闹。

那就读一本书。《什么是科学》，吴国盛著，广东人民出版社2016年版。这书名，实在错位于作者之智慧。庸常的书名下，曲径通幽，别有洞天，九夏生寒。

由历史脉络来严格区分，"现代科学是指相对于希腊理性科学而言的现代实验科学、经验科学，相对于古代纯粹科学而言的现代应用科学、技术科学，相对于哲学而言的狭义科学"。一般认为，这样的"现代科学"肇始于五百年前哥白尼五卷本的《天体运行论》（或译为《天球运行论》）。在我看来，与《天体运行论》成书大体相同时，由意大利解剖学家维塞琉所著《人体解剖学》（或译《人体结构》），也应视为西方现代科学的奠基之作。看来有点委屈了这位维塞琉在西方科学史上的地位。西方人的《天体运行论》是用一只眼睛"解剖"了天宇，《人体解剖学》意味着用另一只眼解剖了人自己。这正好符合实证科学之"自我对象化"这一特性。这归到另一个话题。五百年来的"现代科学"，吴国盛为其梳理出两个源头，正好就是西方文明的两大传统，希腊与希伯来。说希伯来的宗教传统是科学的源头，或者说竟然是基督教催生了现代科学，这很出人意表。先按下。现代科学源于古代希腊，几乎无人不知。可要说这"第一滴水"何来、如何流淌下去，那就雾里看花了。

　　吴国盛自然看得通透，而后说个明白。他几乎直接就把读者带到源头。一者，"希腊人是来自北方的游牧民族的后代，有游牧民族的文化基因"。可惜他只这轻轻一句。实际所指应该是"荷马时代"之前的迈锡尼文化。二者，自然、地理条件决定了希腊文明依赖因而推崇商业，以及与之相关的航海。我读《什么是科学》之前，已经把希腊文明概称为商牧文明，迥别于中国为典范的农耕文明。商牧文明，一面看是动的文明，一面看是契约文明。探究"科学之源"的吴国盛，慧眼自具："契约文化要求每个人成为一个独立自主的个体，这促成了一种别样的人性理想，即把'自由'作为人之为人的根本标志。"此处，"别样"一词妙极。也不知吴国盛是有意还是无意这么写的。自由这一"人性理想"如何流出科学这一"水脉"的？这需要对比。否则，奥妙不显。

　　就华夏这一典型的农耕文明，吴国盛精到地叙述："仁—礼是中国主流的人—文。仁礼表现了农耕文化、血缘文化和亲情文化的人文内涵。在仁爱的旗帜下，中国精英文化的表现形式更多的是礼学、伦理学，是实践智慧，而不是科学，不是纯粹理论的智慧。"此处须得补充。仁爱是农耕的华夏的人性理想，这是向内的收敛。自由是商牧的希腊的人性理想，这是向外的张扬。向内收敛，方显仁爱，需要礼义。义者，宜也，节度也、分寸也。礼因人而异，义依时而移。向外张扬，才显自由，有赖理性。"西方理性主义传统本质在于寻求确定性，而知识、科学的本质就在于确定性。"这就是文明类型与文化基因上的差异。华夏与希腊，农耕与商牧，仁爱与自由，礼义与理性，礼学与科学（知识）。

"科学作为希腊的人文"，如何具体体现？吴国盛认为，希腊人追求自由，不是通过实践，也不是经由觉悟，唯有"认识"一途。因为，"追求事物的本质、本性，就是追求事物的'自己'。这是理性的内在性原则，即从事物自身中为它的存在寻求根据"。因此，"没有把自由作为理性人性进行不懈追求的民族，很难对演绎科学情有独钟、孜孜以求。我们的祖先没有充分重视演绎科学，不关乎智力水平，不关乎文字形态，不关乎统治者的好恶，而关乎人性理想的设置"。诚为中肯之言。这一识见，比之"新文化运动"时胡适、鲁迅者流，不负百年时光流动。今人可庆幸，华夏略欣然。

希腊的自由，又意味着，注定是自己的自由、自身的自由。这就与原子论暗合了。"我"遂突出、凸显了。比较起来，华夏恰恰是把"我"给隐了，近于无我，融在血缘团体的生生不息中，也融在天下兴亡的匹夫有责里。吴国盛顺手写下华夏的生命观：

整个宇宙是一道生命之流，宇宙间的万事万物都只是这道生命之流溅起的一个浪花。任何事物之所"是"，不是因着事物"自身"，而是生命之流的势、时、史共同造就的。因此，严格地说，事物并无一个"自己"，都是因时因地而变化的。因此，在中国文化中，"自己"不是一个原初的、基本的东西，而是派生的、可有可无的。

　　他这段话写得极好。唯"可有可无"，不妨改为"似有若无、不有不无、有无之间、道是无来却是有"。

　　也正是如此区别，故而，"希腊理性科学形成了西方科学的大传统，其精神气质贯穿了西方文明发展的始终，为现代西方科学所继承。科学精神是一种特别属于希腊文明的思维方式。它不考虑知识的实用和功利性，只关注知识本身的确定性，关注真理的自主自足和内在推演。科学精神源于希腊自由的人性理想"。这一番着笔，大可匡正我人之于希腊理性科学之错识，也补了《西方文明的文化基因》（梁鹤年著，三联书店2014年版）一书所缺。吴国盛的笔触，流溢着无限敬意、尊崇于希腊理性科学。他这是只看到商牧文明堂皇、光鲜的一面。

　　那么，拒斥实用、追求纯粹知识的希腊理性科学，如何演化为"携带技术力量"的现代科学的？这便得追溯希伯来传统了。非追溯这一传统不可，否则无以解释"现代科学的先驱们都是基督徒"这一事实。为此，第三章《现代科学溯源之一：没有基督教就没有现代科学》，梳理了两个方面。第一，大学是现代科学的摇篮。一者，自治的大学提供了自由学术的保障。此乃发现真理与积累知识所不可少的前提。这是大学与社会的关系。二者，自由辩论为主要的教学方式。此乃激发与砥砺思维之最佳途径。这是大学内部的关系。西方早期大学，习称"中世纪大学"，以意大利博洛尼亚大学和法兰西巴黎大学为肇始，原是为了基督教会培养神职人员、教会医生和教会法庭法官而创设于八百年前。其相应设有神学院、医学院和法学院，并与之区别地设有作为基础学院的艺学院。艺学院开"七艺"之课，数论、天文、几何、和声、文法、修辞、逻辑，无不源自希腊。也可见，西方大学是希腊传统与希伯来传统之结合。

第二，基督教经院哲学是现代科学的思想基础。以奥古斯丁和阿奎那为先后代表，基督教终于在教义中解决了信仰与理性、神学与哲学的关系问题，使之能够结合、融汇，或以分离、并行的方式存在。可以说，基督教经院哲学是希伯来传统向希腊传统妥协的结果。所以有《西方文明的文化基因》所揭示的信仰与理性的两大脉络：奥古斯丁接续柏拉图，阿奎那承延亚里士多德。经院哲学中的唯名论，"以一种新的形态重申了信仰高于理性、信仰超越理性的传统神学观念，挑战主流经院哲学将理性与信仰相结合的伟大努力。唯名论极度强调上帝的全能和意志自由"。相当吊诡的是，唯名论竟然"为现代科学开辟道路"。其中的关联，不免玄奥，尤其对于文化背景全然不同的中国读者而言。简单说，西方的"现代性是通过把人置于上帝的位置、让人拥有上帝的性质，来解决唯名论革命所提出的人与上帝之间有着无限差距的困境"。现代科学便是西方"现代性运动"链条上不可少的一环，而似乎是离我们最近的一环。

我想起波纳涅兹基在知识社会学奠基之作《知识人的社会角色》中所提到的堪称"文化景观"的状况。所有的宗教，在传播中为了争夺信众，不得不"发展出世俗的劝说方式"。我猜测，其中恰好藏着"世俗知识"生长的基点，从而最后造成西方文明独有的"文化景观"，"世俗知识从神学体系分离"。而在东方的中国，事实上不曾有这样的"分离"，也不可能有这样的"分离"。

问题还没完。从希腊传统到基督宗教这一希伯来传统，自由的观念从理性自由变为意志自由，人与自然的关系变成人征服自然的人类中心主义，"求真"的希腊理性科学演变到"求力"的现代数理实验科学。"求真"不改变世界的本原状态，"求力"却是改变乃至重塑一个"新"的世界。哥白尼与维塞琉之后，世界图景"焕然一新"，其中最突出的或许是单向线性时间观产生并支配人类。"求力"的心性，外化为无止境的"技术创新"。吴国盛写道：

> 正是这些新的技术发明把欧洲人带入新时代，也带来了一种新时间观。由于新的发明和发现是前所未有的，这种新就不是简单的复兴。未来和过去的对称性打破了。新时代显示出其原创性和优越性。十八世纪启蒙运动进一步将现代性肯定为进步，这是线性时间观取得的完全胜利。工业革命让人类能够自己创造无数的适合人类使用的东西。人类通过自己的努力，可以创造一个完美的世界。这是现代性自我肯定的必然逻辑后果。

"上帝死了"，人代替了上帝。希腊传统与希伯来传统，以复杂的"交合"，诞下现代实证科学。其力已无穷，其势未可止？

我再补一笔。希伯来传统究其实，恰也出自商牧文明。犹太教时代的希伯来人本就是游牧或半游牧的民族，其奉为圣经的《旧约全书》是人与"独一真神"的契约。这在人类文明中确实"独步天下"。一神教非普遍的宗教，人神"立约"更是匪夷所思。两希传统固有其亲缘性，只是在"独一真神"和"独一真知"间需要游走、取舍、谐和、融贯。"独真"是同属商牧文明的两希传统向外的态度。这两个传统，在自我对待这一面，都奉行"唯我"。两相结合，"唯我神乃真神""唯我知为真知"。五百年来，西方文明向非西方文明传播"福音"、教授"真理"之执着、坚韧乃至一厢情愿，可谓明证。信仰与理性的分立、对峙、并行、融汇，毋宁说是商牧文明的固有内涵。"科学"的缘起、流变，与基督教之既敌又友、敌友无常、敌友莫辨，遂为商牧文明之题中之义。

科学根植于商牧文明这一土壤，又得有希伯来传统与之情天恨海地缠斗与缠绕，那么，华夏的情景如何？吴国盛思虑缜密，已然为读者释疑。第五章《西方另类科学传统：博物学》，为天文气象、地质地理、动物植物立传、记述。这个意义上的科学，中国不仅有，而且蔚为大观。若不拘泥于数理实验科学的框架，而"以博物学眼光重建中国科学史"，则天、地、农、医搭起了中国古代科学体系。至乎"李约瑟难题"，为什么中国在近代以来科学落后了，实在是问错了的问题，足可一笑置之。这第六章《传统中国的科学》，一定是华夏后裔读得饶有趣味而茅塞顿开的。

科学，作为思维方式与知识体系，其价值不在它自身，而在滋生它的文明形态。欲问科学是否有意义，该先问，何种文明形态于人类才是真正恰切的？

这是"天问"？

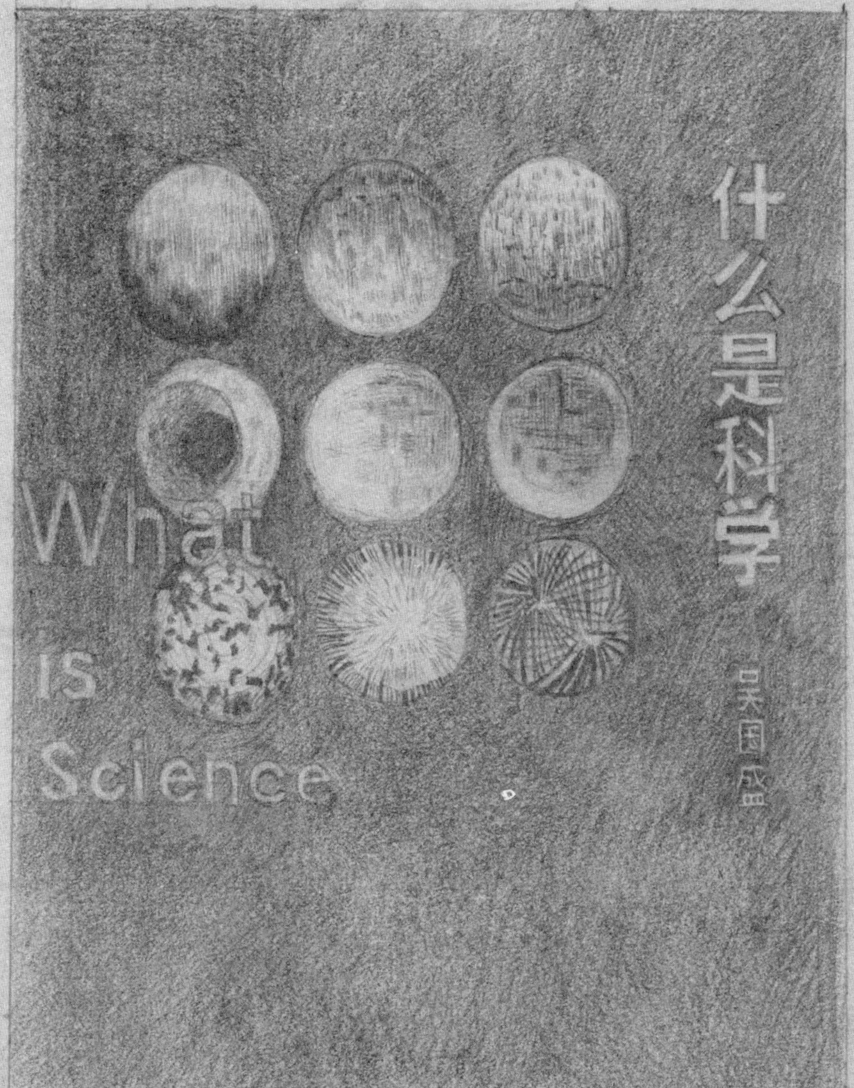
什么是科学
吴国盛
What is Science
SPM 南方出版传媒
广东人民出版社

资本主义：远还是近，熟悉抑或陌生

借资本主义的简史以知一二

拜全球化所赐，今天的每一个人类个体，已避无可避地牵连着资本主义。个人与资本主义的关联，或大或小，或紧或松，或显或隐。不论一个人是否明知这一点，也无关一个人是否情愿这样子。其原因，正如科卡所言，"资本主义是理解现代性的核心概念。追溯其历史对解释社会经济发展中的关键变化具有重要意义。围绕资本主义展开的争论也将视线引向了当今世界最为紧迫的问题：从全球化、贫困、气候变化到日益加剧的社会不公，以及人类进步的前景和为此付出的代价。作为一个无与伦比的综合性历史概念，资本主义总括了经济、社会、文化以及政治领域的时代变迁"。

谁要是以为此处所及都是宏大论题，可以事不关己般"高高挂起"，那就错了。金融资本主义所带来的 2008 年全球金融危机，无人置身事外，余波尚在。消费资本主义兴起于几十年前，使人沉溺其中，眼下愈甚。对一个中国人而言，从百度、阿里、腾讯到头条、美团、滴滴，哪个不与日常生活息息相关？又哪个不是资本主义之树所生出的枝丫？

那么，什么是资本主义？其具体形态如何？人类的历史长河中它如何流变？于人类文明，它是耶、非耶？它是生长并只适合西方的经济形态与社会结构，还是在全球范围都内在合理？

为此，最便捷的阅读，当属《资本主义简史》(*Geschiche des Kapitalismus*)。作者是德国教授于尔根·科卡 (Jurgen Kocka)。此书最早的德文版在 2014 年，英文版在 2015 年。徐庆从英文版译成中文，由文汇出版社 2017 年出版，正文 170 页。中国的经济学家推介此书：

尽管专著和论文已如汗牛充栋，人们对资本主义的定义、历史和未来，仍充满激情地交锋辩论，至今无法达成共识。科卡教授的《资本主义简史》以不到十万字的篇幅，处理这样一个宏大的题目，不能不说是异常艰巨的自我挑战……《简史》以极为精练的语言，介绍了资本主义几百年的发展历史、它对人类文明的贡献以及带来的苦难。相信这本大家写的小书将为读者提供考察资本主义的启发性视角，并有助于人们深入思考当今世界所面临的价值和道德问题。

全书共五章。第一章《什么是资本主义》。科卡首先指出，"资本主义概念诞生于批判精神和比较视角。人们通常用它来表达自己对所处时代的看法"。随即科卡选择马克思、韦伯和熊彼特为研究资本主义的"三位经典理论家"，梳理、评析他们的学说。此处提示读者注意的是，熊彼特的基本身份是经济学家，他赞美资本主义；韦伯是个社会学家，极力以客观、中立的态度阐释资本主义；马克思则属批判理论家，执笔为枪宣战资本主义。不知道科卡是否刻意如此来回答"什么是资本主义"这一问题。最后，科卡自己归纳资本主义的三个基本特征，乃是分散化、商品化、资本积累。估计，商品化和资本积累这两点，与读者们既有的知识基础颇为吻合。"分散化"这个词，却嫌语焉不详。读者不妨理解为：私人产权及相对自主与分散的经济行动。在我看来，科卡若是也将扩张作为资本主义的特征，他这部"简史"必定分量大增。

最后的第五章《分析与批评》，只 8 页，扼要述及关于资本主义的正、反两方面观点。科卡自身的取向很明显，他推崇资本主义，认为"本书做出的历史总结展示了几个世纪以来资本主义强大的适应能力"。然而，很显然，这注定是个争议不断的论题。

第四章《资本主义各阶段》，占比超过全书三分之一，显然是科卡的重点。这与资本主义的历史相吻合。这一章说的是 1800 年之后的两百年里资本主义的演化，既属历史，又是当下。首先，"工业化改变了资本主义"，从而使资本主义进入工业资本主义阶段。其次，"企业结构和战略的重大变化"，分化了资本家和企业家，带来了"从所有者资本主义到经理人资本主义"的变化。结果是，"经理人资本主义中的受雇佣的企业家更重视经济动机，行动更具有扩张性"。第三，金融资本主义形成并威力巨大。金融业不再是服务的和附属的，成了独立的力量，足以左右经济乃至政治、社会生活。第四，相伴随的是积蓄资本主义向借贷资本主义的"棘手转变"。第五，自由市场与政治国家的互动更为复杂，"福利国家"出现了，乃至形成福利资本主义。

第六，全球化。工业资本主义裹挟着非西方文明，使之不得不全部或部分接受、直接或变通接受资本主义作为经济形态、社会结构、价值观念。第七，与之相关的是劳工问题，从十九世纪时作为西方国家的问题转而变成"不发达国家的劳工问题"。这意味着，工业资本主义的发源地转移了工业化的成本以及道德代价。这显然是更早时期的殖民主义的现代延伸。很可惜，科卡未见于此，或者他有意回避了这一点。也很可惜，科卡没有专门讲述当代所出现的消费资本主义，哪怕用不多的笔墨也好。

若要追溯资本主义萌芽，虽则人言人殊，科卡定在两千年前。他从汉代中国说起，继而谈论阿拉伯帝国的商业资本主义，相较之下欧洲则是他认为的"充满活力的后起之秀"。总的来说，直到1500年前后，资本主义便是商业资本主义，或称贸易资本主义。这是第二章的内容，标题即为"商业资本主义"。我很难同意科卡将一向重农抑商的古代中国也纳入资本主义演化史来考察。也不清楚他是不是知道汉代起施行的禁榷制度。虽然资本主义肯定少不了商业，商业却并不全都属于资本主义。没有无关商业的资本主义，却有无关资本主义的商业。

至于1500—1800的三百年，科卡作为资本主义演化的第二阶段。《简史》的第三章，用"扩张"作标题，算得精准。资本主义的舞台上，中国和阿拉伯退场了，欧洲是唯一的主角。一出独角戏。资本主义在这三百年里的扩张，首先是地域。欧洲将资本主义推行于亚洲、美洲、大洋洲等，这同时是个践行殖民主义的过程。科卡此处说破了一个蹊跷："传播基督教也属于扩张的目的。但是，与其说传教的愿望推动了扩张，还不如说它可以为政治和经济扩张提供正当性。"其次是资本主义在生产领域扩张，具体地说，种植园劳动、农业、采矿业和带有原始工业特征的手工业都受到资本主义的影响而变化、转型。资本主义大大突破了商业资本主义这一形式。再次，奴隶贸易成为欧洲资本主义的重要内容。两百多年里，"奴隶贩子将1100万到1200万名非洲居民贩卖到了美洲"。这是资本主义扩张到人身。不知道是不是可以说，这一行径埋下了资本主义后来遭遇理论和暴力双重批判的根子。

从科卡所勾勒的资本主义简史中不难发现两点：第一，资本主义得以突破商业资本主义这一古老形式，与全球化之开启密切相关，几乎同其进程。而所谓全球化，纯然为欧洲所主导，毋宁说是西方宰制全球的全球化。第二，工业化使欧洲资本主义如虎添翼。而工业资本主义携带钢铁力量，又造出狂飙突进般席卷全球之势。正是工业资本主义，内含了熊彼特所着意的"创造性破坏"。创造之巨，也正是破坏之烈。

细心的读者不难从科卡的叙述中发现一点点自相矛盾。科卡有两个基本的立意：其一，他认为，"迄今为止，资本主义在创造财富和保障自由方面都比它的竞争者优越"。其二，科卡引述经济学家贝克尔的话，"有着自由市场的资本主义是史上最能高效地促进经济富裕和政治自由的制度……它是古今共通的真理"。然而，许多时候，科卡又提示资本主义有着专属于欧洲的特质。例如，他说，"1800年前后，资本主义的形式超越了商业资本主义，具备了左右制度的能力。这是一种欧洲特有的现象"。

说及"欧洲特有的现象"，还得另行阐释。与哥伦布之航海同为全球化开启之标志的，当属哥白尼之论述"天体运行"。这是西方近代自然科学之起点。若非以实证、分析的方法追求关于自然世界的客观、精确的知识，想来不会有工业革命之发生。工业资本主义自也无从谈起。这一科学理性或曰认知理性，似乎为欧洲文化所专有，以两千五百年前的希腊时代为源头。如果没有欧洲，地球上断不会有工业资本主义之出现。如果没有欧洲之扩张，工业资本主义也未必会在地球上成燎原之势。

再者，资本主义的"优越"，是从个人主义立场而言的，甚至仅仅是从个人主义立场而言的。此所以科卡强调资本主义的特征之一是分散化。西人曾言，"个人主义是西方文明的最高成就"。这个"最高成就"，毋宁说是以资本主义这一逻辑、方式、力量达成的，甚至只有通过资本主义才能达成。贝克尔所申言"古今共通的真理"，却是吾人不得不谨慎对待的，至少须得多加思索的。

科卡毕竟只是作一部简史，难以苛责于他。且做一点补足。

约在百年前，法国经济学家瓦尔拉斯在《纯粹经济学要义》中就匮乏问题有精妙阐述。他以"有用物之有定限"来说匮乏，即一般所言稀缺。瓦尔拉斯揭示，匮乏造成三种人类行为：占有，交换，生产。那么，逻辑上，我们可以把匮乏当作资本主义的前提，把资本主义视为人类应对匮乏的方式、形态。暗含在占有、交换、生产这三种人类行为之中的，是追求效率。而人类行动，在追求效率之时，亦需考虑的是正当问题。这两个尺度，将资本主义问题变得极为复杂。

同样，在逻辑上，资本主义是否为应对匮乏的唯一方式、形态，又是否为最佳的方式与形态，已非《资本主义简史》这么一本小书所能包含。此中所关联的问题有二：匮乏的程度是否决定了商业的作用、地位？对待匮乏的态度又如何决定了商业的作用、地位？细究下去，也许可以套用汤因比的话，"人类如果没有走上资本主义，他的子孙后代会更好"。偏偏，冶金术和资本主义结合得近于"完美"。

据说，"人生如戏"；定然，一代人有一代人的戏台。今日，资本主义已在事实上成为这戏台的要素。台上演绎着悲喜甘苦、聚散离合的人，不妨添一点了解于这戏台吧。

资本主义简史

Geschichte des Kapitalismus

〔德〕于尔根·科卡 著

徐庆 译

江河万古，东西分流

何处探寻人类文明的"普遍法则"

张光直，哈佛大学教授，古稀之年的 2001 年辞世。他成为考古学家，似乎是宿命般，少年时期北平城中即因父亲的缘故铺垫了一生；青年时代在台湾大学受教于为中国考古学披荆斩棘的那一辈卓越学者，大抵又促成了他作为中国人的文化使命。之后远赴美国，精研西学，他乡之上回望故土古国，学术的谨严与情感之真挚，昭昭然于字里行间；又有宏阔视野，尽收人类文明的空间延展与时间流变，洞察幽微。其以中西融贯的学养，不仅在中国考古学领域独树一帜，在我看来更是凭坚实的学术积累进而思考中国历史和西方历史的不同进程，揭示人类文明的普遍准则。遂有后学评价其为"享誉世界的著名考古学家，其研究成果和学术贡献嘉惠学林甚多，为学界所珍重"。这大概还未说足张光直的学术贡献。

张光直之"嘉惠学林"与"学界珍重"者，读者可由两本簿册得见：

其一，*Art, Myth and Riual: The Path to Political Authority in Ancient China*，哈佛大学出版社 1983 年的英文版。这是张光直为哈佛大学本科生开设的课程讲稿衍生而来。1988 年，辽宁教育出版社以《美术、神话与祭祀》刊布中译本，郭净译。2016 年，北京出版社以中译本《艺术、神话与祭祀——古代中国的政治权威之路》另版，译者刘静、乌鲁木加甫。出版者归其为"大家小书"。这不足百四十页的书，意味深长。例如其中第四章、第五章分别谈论艺术和文字如何在中国文明形成中作为"通向政治权威之路"，是辨思中西文明的一些关键差异的伏笔。第七章《政治权威的崛起》，则直言西学不足以释解东方华夏。

其二，《考古学专题六讲》，文物出版社 1986 年版。这是张光直 1984 年秋在北京大学考古系的讲座，随后整理成书，泽及他人。也只区区百三十页。不以考古学为专业的读者，容易因"考古学专题"而与此书失之交臂。诚然，其中的第三讲《泛论考古学》、第四讲《考古分类》和第五讲《谈聚落形态考古》，是专为修习考古学的学生传授的，非专业读者可以不用知晓。但是，第六讲《三代社会的几点特征》就极有助于普通读者增加中国历史的通识。例如关于三代都城，"三代都有一个永恒不变的圣都，也各有若干迁徙行走的俗都。圣都是先祖宗庙的永恒基地，俗都是王的政治、经济和军队的领导中心，以追寻青铜矿源为主要的因素"。第二讲《从世界古代史常用模式看中国古代文明的形成》很有趣。例如提到瓦维洛夫的研究，表明世界作物栽培"最大也是最早的中心是中国中部、西部"。这个事实，可以隐约关联着农耕中国的根深蒂固。而第一讲《中国古代史在世界史上的重要性》，十足拨云见日，令人恍然大悟。这一册"考古学专题"，只读这一讲好了。

先换个话题。西方的学术谱系中，"十八世纪末期，东方社会的概念，作为一个独特类型，由所谓的古典经济学家提出来。创造这一概念，是由于这些经济学家无法以封建主义或资本主义制度下的希腊或罗马为出发点来研究古代埃及和美索不达米亚或同时期的印度和中国的经济。马克思进行了修正，社会学家韦伯承续了马克思的观点，魏特夫对这一理论进行了最终的扩展"。这意味着，从西方视角看，"东方社会"是独特的、例外的。

就此，张光直在《艺术、神话与祭祀》收笔之处指出，"现有的史学理论一般以西方文明史为研究基础。在现代世界，西方文明经历了人类发展史上最为举世瞩目的扩张，并迅速覆盖全球。西方文明的扩张带来了西方理论的传播，这些理论的构建植根于强大而厚重的西方历史，并用来解释所有人类社会的起源和历史。由于这些理论时常会指导那些社会政治活动家们去改造世界，它们所带来的效应绝不仅仅是学术上的"。然而，"也许某一天，我们会设计出诸如人类文明起源动因等问题的概括性理论"。那么，这样的理论，从何处归纳、抽取？他的学术贡献恰在这儿。

他说："历史理论可以建立在其他文明的发展之上，而这些理论可以为我们讨论抽象的历史规律和未来的政治活动提供崭新的视角"。具体而言，"中国历史与西方历史一样强大而厚重，却没有人以同样的方法对其进行分析并总结普遍规律。在十九世纪到二十世纪初期中、西开始碰撞之时，社会科学理论的传播实际上是自西向东的单向过程。当时，大多数西方社会理论家和史学家还找不到合适的工具或技术以借助两千多年的文字记载来研究其所不熟悉的中国历史，也没有人想要融会贯通中国的资料以建立新的概括性理论。关于马克思和韦伯的一些讨论恰恰证实了这一点。各种各样的社会科学范例、模型、概括性理论和概念应用于中国研究，然而以中国原始材料为基础的原创性研究却少之又少。"诚如西学中赖特发恳切之言："如果说社会科学家的目的是为了建立最具有适用性的概括性理论，如果说概括性理论的适用度取决于其所适用的现象的范围，其自身的研究理智需求难道不会引导他们去研究一下中国资料中的相关内容吗？"

《艺术、神话与祭祀》只是提出了他要处理的理论问题，答案在《考古学专题六讲》中。

张光直认为，在精神层面沟通天地人神是中国古代文明的重要特征，负沟通之责的是巫觋，即另称萨满者；沟通手段独占是中国古代社会的一个主要现象，包括仪式用品、美术品、礼器，等等，这是获取政治权力的关键所在，即"绝地天通"；政治因素即人与人关系的变化，是文明进程的主要原因，带来财富的积累与集中；由于不依靠技术手段或贸易手段带动文明进程，这就并不造成人与自然环境之间的隔绝。这些特质，表现为历史进程与文化成分的延续，包括：其一，器物上是生产工具的延续，依然以木、石为农具，青铜器主要作为礼器，并不用于改变人与自然的关系。其二，社会结构上氏族关系延续，成为宗法制度。其三，意识形态上则是杜维明所揭示的"存有的连续"，与以"耶和华创造万物"而把存有界割裂为神凡二分决然不同。其四，文字，在形体和功能两个方面，都从陶器时代延续至青铜时代。文字的功用是精神的，非经济的。

相区别的是，苏美尔文明中，"金属工具用于生产和灌溉，灌溉的重要性非常明显；贸易在文明中也有很重要位置，造成原料与产品广泛移动；楔形文字无疑是为了记录愈加频繁的经济、贸易活动而产生的"。在苏美尔文明的宇宙观中，"有一个与人截然分开的神界，这些神具有造物的力量，包括创造生命的力量。这种宇宙观和与国家分立的庙宇的产生有密切关系"。相应地，"亲属制度破坏了，亲缘关系为地缘关系取代"。这样，"从苏美尔文明到两河流域一系列新的文明现象，一直到后来的古典时代希腊罗马的文明所呈现的现象，与西方社会科学家所谈的文明起源的情况完全符合"。文明进程的此种形态，张光直称为突破的、断裂的。

张光直进而认为，突破的、断裂的文明形态，专属于西方历史，实不足以说明西方以外的文明形态。中国文明进程的渐进的、连续的形态，不只是与西方相区别，更是代表了人类文明的普遍形态。例外的是西方，而非所谓的"东方社会"。为此，基于西方学者关于玛雅文明、关于美洲文明的研究，张光直独到地提出"玛雅—中国文化连续体"这一概念，替换了"东方社会"一词：

我们不妨提出一个对世界史前史的新的基本看法。从旧石器时代，人类就具有非常丰富的文化内容。它的代表，我称为玛雅 - 中国文化连续体。这个连续体在不同时间、不同地点产生了一连串的文化，这一连串的文化中间就包括中国文化和玛雅文化在内。在西元前四千纪后期，两河流域发生了西方式文明的突破，这个突破造成了与玛雅 - 中国文化连续体不同的、一连串新文化成分的产生。在这些新文化成分中，主要的关系是经济、技术的关系，亦即人对自然的关系。

西方文明是突破的、断裂的，还可以从两个关键因素得到验证。其一是表意的文字为记音的文字所代替，而希腊进入"轴心时代"恰是两千八百年前袭用并改造了腓尼基字母，得以走出没有文字的"黑暗时代"。其二，一神教的产生，代替了泛神与多神信仰。到了这二三百年，西人描述其历史进程为"现代性之断裂"。这是从基督神学到实证科学的断裂，从神圣到世俗的断裂，从神本到人本的断裂，从禁欲到纵欲的断裂。这个断裂的推手，是启蒙运动。读者可以此验证张光直之洞见。此处便也说明了，启蒙运动不过是西方历史所要经历的。

吾淳受张光直的启发，发现了中西哲学之异。他在上海人民出版社2010年出版的《中国哲学的起源》中说："诸子时期的哲学并非像西方或希腊哲学那样在突然之间形成于未萌，也非像西方或希腊哲学那样在一夜之间即成长为参天大树。在其之前，已经有一个相对漫长而且坚实的铺垫或基础。中国哲学是在与原始宗教和知识连续性的沟通关系中发生发展起来的，是在与原始思维和观念连续性的沟通关系中发生发展起来的，同样也是在漫长、缓慢的连续性进程中发生发展并逐渐定型的。这一点，与西方哲学的发生发展模式或路径大相异趣。其实，不仅中国哲学是如此，印度哲学也是如此。"因此，"建立在西方哲学史或文明史基础上的哲学发生或开端理论并不具有在全球范围视野下的通用性，同样也不具有对中国哲学的适应性。在相当程度上，西方经验是一个十分特殊的个例，其并不具有普遍的意义"。

拿"突破—断裂"模式和"渐进—连续"模式来看人类文明的当代情形，突破与断裂似乎愈加明显，此中经济与技术的作用愈加强烈。故而，在张光直如此甄别文明不同模式的基础上，我们似可进一步来区分两种不同模式。

其一，欧洲文明进程主要由商业力量推动，按商业逻辑演进。如此，商业成为文明的主导力量。举个不易发现的例子。八百年前，博洛尼亚大学和巴黎大学先后建立，即是取商业逻辑而为。商业决定政治与文化。是为资本主义。

其二，在中国，商业力量只在文明中起辅助的乃至极次要的作用，社会机理乃是重农抑商。文治政府也好，崇文取向也罢，都是这一文明模式的外显。文化与政治之关系，才是文明的主导力量。这是文明生成中巫—王关系的流变。

商业的西方重横向关系与空间扩展，农耕的华夏重纵向关系与时间绵延。此钱穆之见。再则，商业的西方重理性与契约，农耕的华夏重仁义与礼乐。

如此，悠远的礼乐传统，是否有着当代的和普遍的意义，尚待吾人接续之？这或许是"传统的创造性转化"的关键所在？

大家小书
大家写给大家看的书

艺术、神话与祭祀

古代中国的政治权威之路

张光直 著

刘 静　乌鲁木加甫 译

北京出版集团公司
北京出版社

天下·当代

全球体系里人类文明之变

　　这本书，装帧相当精美。灰褐色布面，雅致中含着庄重。于读者言，视觉之外还有极舒适的触感。封面正中是书名"天下的当代性"，黑色、宋体，显眼而内敛，沉稳、凝重中带着平静。下方是副标题"世界秩序的实践与想象"及完整的题名英译，规整地衬托着书名。双语书名，想必是为了应和天下、当代。与此反差的是，不见著者之名于封面，有如无名氏所作。极少有。似乎是为了提示读者，勿以人害言。中国文化中有"神圣性作者观"，区别于西洋文明中的"著作权作者观"。这是龚鹏程在《文化符号学——中国社会的肌理与文化法则》中开篇所论。此书看来是合了"神圣性作者观"之意趣。读者得在书脊上才能看到，"赵汀阳著"。这倒也必要。既尊重了明辨慎思的作者，也满足了带好奇心的读者。读者同样得在书脊上才能看到，"中信出版集团"。学说上称为"空符号"的封面这两处，堪可品味，大可赞赏。

书名上方嵌着圆，烫金，以"天下的当代性"六字的长度为直径。这六字就好似地平线。直观上，如日之升。不知是否有所隐喻，不知是否日出东方之隐喻。封面的文字与图形，像是脱胎于五千多年前的大汶口文化的一个陶符。这陶符有可能是目前所知中国最早的象形字。

"天下的当代性"，大概让读者费解。我也颇觉这六字怪异。这算得此书行文上的硬伤，明显西化的措辞与句式，书中时所见之，拗口乃至晦涩，极其可惜。本文写作中，我着实有过念头，因其行文乏善而放弃向读者推荐这本书。尚请读者千万勿以文害意，错失作者洞见。从中取出一般所谓关键词便不难明白，作者所欲传达的，是关于天下与当代的话题。作者若径直取"天下与当代"为名，便是简洁明了。空间维度的天下，时间维度的当代，二者联结，该如何理解、把握？

然而，"天下"又非仅指空间。这个词，从历史深处走来，携着特定内涵，便在时间之轴上意义非凡。我们不妨发问，天下观念在当代的境遇如何？此其一。其二，时间维度的当代，其空间境况即现实情形如何？是否必要取同为时间维度的天下以度量并据此以匡正？前一个问题，大抵只是中国的问题，因为天下观念只是中国的观念；后一个问题，定然属于全球的问题，因为当代的现实情形早已"天下同此凉热"。

赵汀阳的旨趣，着重在后者。由此，他向读者铺陈开三个问题：第一，人类到了当代，面临怎样的困境，几至难以为继？第二，此等困境，要求何种思考的角度，以求改弦更张？第三，审思当代问题，前人的实践可资借鉴否？中国的历史内含了未来的路径吗？

赵汀阳开篇即指出，人类到了"当代"，最大的情形是"无外"，即"全球化全方位卷入所有地方的所有事情，再无逍遥在外的存在"。他称此为"天下体系"，要求"世界内部化的秩序"。这个说法，已大有意味。相对于"内部化"的，自然是"外部化"。五百年里，欧洲和美国，强行建立的是"外部化秩序"，即从外部掠夺、攫取，向外部转嫁成本、代价。是为殖民体系。如今，既已"无外"，外部化的行径在逻辑上就不可能，遑论伦理上之失当。

现实情形却是，当代的殖民体系更为隐蔽也更为高明。"当代的国际支配体系或许是帝国主义的最高阶段。它意味着一种非常成熟的支配方式：军事干涉的强度减弱了，对生存命脉的控制却明显增强了，也就是对世界金融资本系统、高新技术和基本资源（能源和农业）的控制增强了，而对生存命脉的控制进一步保证了帝国主义对世界的深层支配，即对游戏规则的制定权以及对知识的解释权。对游戏规则的制定权和知识的解释权的独裁就是彻底的帝国主义。"这也是更为高效和更多伪装的殖民体系。

赵汀阳剖析殖民体系的文化根源在基督教。他认为，一种文化，对外有两种不同取向，一是各美其美，至少相安无事；二是彼此敌对，必欲统之而后快。前者可谓"和而不同"，后者乃是"同而不和"。深究之，"仇视他者文化至少需要出现两个排他性因素"：其一，相信自己文化的精神世界是唯一真实的，而其他的精神世界是虚假的；其二，认为自己文化的精神世界既然是唯一正确的，就必须拥有价值裁判权力，并且具有取代其他精神世界的权力，或者有着使其他精神世界皈依改宗之使命。"只有基督教兼备了独断与独尊的双重性质。"结果，"以一神教的神学逻辑为政治逻辑的西方文明挑动了现代的文明冲突"。

以上还只是当代问题的历史脉络。新起的网络时代，更是"再无逍遥在外的存在"。网络便是网罗，网罗一切人和事，也网罗一切人事所需的空间。又会有怎样的危险呢？其一，"随着全球化的深入，可以看出，全球化的最大受益者并不是任何国家，而是以网络方式存在于全球的新权力单位。世界金融资本、新媒体体系（互联网和手机）及其他高技术体系才是目前全球游戏的最大受益者，而且有希望成为世界上的最大权力……逐步把各国政府变成全球资本和技术系统的代理人"。在权力运行的机理上，这是操纵性权力，区别于既往的强制性权力。从权力技术而言，这是极其隐蔽的权力。福柯在《规训与惩罚》中已经尖锐揭示了强制性权力如何退隐。读者可相互参照。

其二，资本、媒体和技术勾连而成的操纵性权力，"会在将来发展出一种无人对付得了的新专制"。因为人类贪图技术为每个人提供的全面服务，于是接受了技术系统对每个人的信息感知和监控，既造成人无法摆脱的依赖，也操控了每个人的生活和思想。这一"新专制"，对西方文明不无嘲讽，"通过供给自由和平等而实现专制"。这是危言耸听吗？读者实有必要多一份谨慎以察知。

历史与现实的交错中，既有的帝国主义霸权又热衷于新兴的全球系统化新权力。这便是当代的全球性危险、危机、危难。是否存在"使世界免于疯狂和毁灭"的一线生机？在赵汀阳看来，"只有建立一种高于国家体系的世界普遍秩序才有可能制约帝国主义霸权以及全球系统化的新权力，才有可能使世界免于无法脱身的技术专制"。为此他重新思考政治这一人类的古老话题。

两千多年前，据说亚里士多德已声称，"人天生是政治动物"；荀子则言"群"，并为此"制礼作乐以化性起伪"。晚近有美国政治学家定义政治，乃是强制分配"社会价值物"，涉及"何人，何时，如何，所得"诸政治要素。世界政治的理论，恰恰要重新理解政治的含义和意义。不避夸张地说，赵汀阳基于天下观来解说政治，是中国学术在这个时代为人类所做的原创贡献。因为这是一个人类面临新问题的时代，必须百家争鸣，再不可西学独尊。

西方政治和西方主导的国际政治，充斥着对立、斗争、掠夺、征服。赵汀阳有鉴于此，用华夏思维释解政治的真义："在对立斗争与化外部性为内部性的两种政治之间，我们看到了两种政治概念的哲学分歧。对立斗争的政治概念所表达的并非真正的政治，而是斗争或战争。冲突和斗争是人类的基本事实，但如果政治只是研究如何把斗争进行到底，就无法解决冲突的问题，反而是冲突的继续和强化。如果一种理论只能把现实变得更差，那么我们不需要这种理论。对立斗争的政治概念仅仅重复了现实问题而没有解决问题。战争或斗争正是政治无效率的表现，甚至就是政治的失败。假如政治不是用于构建人类的共同生活，假如政治不是用于建立一个和平的世界，其意义何在？斗争的政治既不尊重人类，也不尊重世界，所以需要颠覆以斗争为核心的政治概念，代之以共在为核心的概念。一句话，政治必须尊重世界。"

至乎民主、公正、自由这些"现代政治哲学所推荐的价值或制度，仅在民族国家的排外条件下有效，如果升级为全球制度就会造成灾难性后果"。可见，"世界内部化的问题将说明，政治不是别的，而是共同生活的艺术，是创造所有人的存在之共在的艺术，也就是把纷争的空间变成共享的世界的艺术。在这个意义上，政治意味着战争的终结。或者说，如果一种政治不能终结战争，那么就尚未完成政治之使命"。将政治理解为共同生活的艺术，这非常契合中国文化的精神。钱穆在《中国文化史导论》中即指出，中国是把宗教政治化，政治则伦理化，而伦理又艺术化。相反，"以一神教的神学逻辑作为政治逻辑，从而建构出文化的外部性，与他者文化构成不共戴天的敌对关系，这是政治不成熟"。赵汀阳进而深刻地指出，"只有建立在'和'的基础之上的政治才是真正的政治，而建立在'同'的基础上的政治只不过是统治，统而无政。政治的概念有着比统治和权力更深刻的含义。如果政治不能实现一种'配天'的秩序，即能够促进万物生长的'生生'秩序，或者说促进存在之丰富性的'富有'秩序，就不是真正的政治。政治虽然运用权力，其目的却不是权力，而在于创制具有兼容性的存在秩序而让万物得以生长"。

赵汀阳认定，全球化使得"人类生活已经发展到了必需世界政治的地步，否则将难以保证人类普遍需要的安全、共在与合作"。易言之，世界政治是客观需要，并非追求"最好可能世界"的主观价值。与世界政治相对的，是国家政治，以及所延伸的国际政治。国家政治与国际政治二者，只是以个人和国家为基点与目标，无关世界、天下。这里便包含"政治的存在单位"问题，即政治体的问题，亦即"谁的政治"。在西方文明中，在国内政治层面，个人是最小的政治单位，采取公民这一法律形式。由此扩展，在当代国际政治层面，则由主权国家如个人般作为政治单位。国际政治就不过是国家间的争斗、角逐。"在中国传统的政治哲学框架里，政治单位具有三个层次，天下—国—

家。个人只是生命单位，还部分地是一个经济结算单位，却不是政治单位。所以古代中国没有产生出政治自由和个人权利的政治问题。直到现代中国引进了西方的个人概念才使个人变成一个政治单位。"这很准确地把握了中国文化与政治的特质。

与政治体问题直接对应的是"何种理性"这一问题。此处，赵汀阳再次脱出西学窠臼，将西人所言理性归为个人理性，另析关系理性于世人，着实启迪智思。"个人理性是竞争理性，关系理性是共在理性"；个人理性追求的是自身利益最大化，关系理性注重的是互相伤害最小化。"以个人为分析单位难以求解普遍价值。""在政治出现之前，比如说霍布斯的自然状态之中，人就已经使用个人理性。正是因为共同生活，理性才需要发展出关系理性。"读者愿意的话，似可借助中国文化中的良知一语来理解区别于个人理性的关系理性。基于关系理性，人类才有可能达到"普遍受惠"和"普遍兼容"的生存状态。而这样的生存状态，是通过共在以永在。

这是赵汀阳与世界政治理论相关联的存在论。唯有永在才真正存在，唯有共在才能永在。永在，正是绵长的生生不息。所以，政治的目标就该是"创制具有兼容性的存在秩序而让万物得以生长"。为此，合作与关系理性才是政治的方式，以之代替国家政治和国际政治中的竞争、冲突和个体理性。易言之，世界政治不是大国争霸，而是"协和万邦"。另有与赵汀阳同处这个大国争霸时代的中国学者，以"霸权侵害型"国际关系概括当今情形，同样基于中国历史而主张未来世界应该是"合作共生型"的国际关系。

天下—永在—协作—安和，便是人类所需要的世界政治。

　　在赵汀阳看来，一方面，"以欧洲扩张史冒充世界史，是至今流行的所谓世界史的基本模板"，"世界各地的历史在欧洲霸权故事中只是被动或附庸的情节"；另一方面，当代的"主权国家体系使世界的分裂合法化，或者说，以国家主权否定了世界概念和世界利益"。正是为了匡正这一谬误，赵汀阳从中国历史而不是西方历史中寻找他所构想的世界政治所需要的思想渊源："三千年前的周朝天下体系虽然只是在一个有限地区的实验，却以实践示例的方式展示了天下概念如何将外部性化为内部性。这是古代天下的最重要遗产。"其中的关键观念是"天下无外"原则。既然天是整体存在，天下也必须是整体存在，才能与天相配。所谓"天无私覆，地无私载"。天下无外原则先验地预设了世界是一个整体的政治概念，天下体系只有内部性而没有外部性，取消了外人和敌人的概念。

　　赵汀阳认为，若要描述中国文化的关键特征，则是"一个以汉字为主要载体，有核心基因而无边界的开放兼收的精神世界"。汉字为中国文化之载体，自无异议。此"核心基因"，在赵汀阳看来，乃是"配天"。因"配天"，则"与天之无穷相配而具有不绝的历史性，与地之广大相配而具有无外的世界性"。故而，"时间变为历史，世界化为天下"。"无边界的开放兼收"是很独到的说法，我以为这恰恰并只能来自中国文化的"核心基因"。

　　至于汉字，"文字把一切事物的信息保存在人可稳定占有的形式里，即使事物消失，信息仍然存在……因此文字就是为一切事物所立的无法抹杀的字据，将万物之魂收纳在文字中，随时取用。这就是最大的魔法"。"于是，人通过文字既保住了过去又预设了未来。"而汉字与汉语之分离、其造字之理据，使得汉字具备固有的通用性。中国文化借汉字这一载体而得以成为一个"无边界的开放兼收的精神世界"。如此，汉字又何尝仅仅是载体？其足以为中国文化本身。赵汀阳似是以此解释华夏文化的吸引力和边缘向中心汇聚的"逐鹿中原"的原动力。

中国历史之于当代世界的意义，实不限于周代的"天下体系"。秦汉以降两千多年，赵汀阳别具一格，归为"漩涡中国"，是一个"内含天下的中国"。于是，他以全新的角度，另行解释了中国历史的连续性。这一番解释，竟然使得赵汀阳要在《天下的当代性》之外，另成一书。是为《惠此中国——作为一个神性概念的中国》。读者也不妨为延伸阅读。

中国历史蕴含着中国文化的"以变而在"。这是"通变的历史观"，"与退化论历史观不相干，也与现代进步论历史观不兼容。应该说，通变历史观对历史的理解完全不在进步论或退步论的框架之内"。

昔黄梨洲有言，"三代以上，藏天下于天下；三代以下，藏天下于筐箧"。照这话说，全球体系里，则不过是"藏天下于民族国家"。那么，是否应该"重返天下"？如何可能"重返天下"？

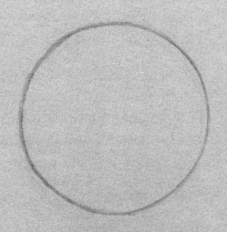

天下的当代性
世界秩序的实践与想象

A Possible World
of All-under-heaven
System

The world order in the past
and for the future

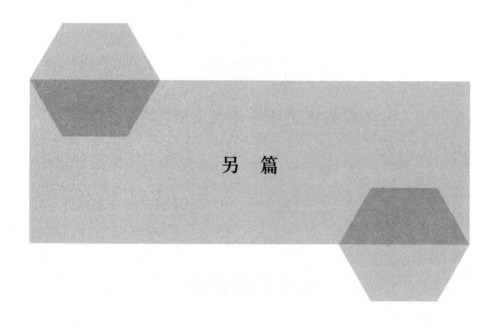

另 篇

字里滋味

《澄衷蒙学堂字课图说》重刊有感

作于丁酉夏雨中

题记

本篇另列，所虑有二。其一，《澄衷蒙学堂字课图说》异于如上所及各书；其二，本篇唯采正体汉字为妥。

较之以上各篇，本篇却是最早写出。有识之士重刊《澄衷蒙学堂字课图说》，同道中人该当有以唱和。这一番重刊，这一声唱和，更是奉一份恭敬予华夏血脉。到了丁酉仲夏，才酝酿出情绪，提笔作文，放下一桩心事。随即生出念头，就著此文之路数，择取一些著述，写上一批小文，以求推介予学生、公众。这篇"重刊有感"，实在是关键的引子，牵出这么一本未见先例的书来。

　　我权当这是在著者与读者间做一冰人。此亦如李霖灿自言在中国古典艺术和当代读者之间架了桥。本书开篇以《天雨流芳》，实在恰当，其写作上也正是紧随这篇重刊之感的。

　　约百年前，胡适已经名动中国。在上海，他热切地寻找"小学"时的"语文课本"。我现在手上的《澄衷蒙学堂字课图说》，就是当年胡适魂牵梦萦者。

　　我在闽东乡村大约读了六年半小学，毕业于 1976 年。如今读这一套"小学语文课本"，绝非轻而易举。有些字，纯然为生字，如"氊"，《现代汉语词典》已列为异体字了。有的字，将其从正体转为俗体，即从"繁体"转为"简体"，颇需要顿一顿以加辨认，无法一看即知。所有的字，其注音方式，为华夏文化原生的，已非我所掌握。我会的是"现代汉语拼音"，移植来的。而最紧要的是，许多字义，《字课图说》释其本义，我才明白我所知不过引申义，例如"驳"字，何以用于驳议、批驳、反驳、辩驳。我这是知其义不明其理。汉字之为汉字，唯在其义、理两合，据理成义。我和《澄衷蒙学堂字课图说》中的汉字，疏隔了，有裂缝。

　　"蒙学堂"，教授少儿识字，为华夏之"基础教育"。叶澄衷，"上海富商，以商积德，泽被后人，晚年将家产捐了个干净"。澄衷蒙学堂成立于一百二十多年前。蔡元培曾经代理过校长主持校务。《字课图说》为首任校长刘树屏"以博古通今之学问，倾力编撰而成此书"。"此二人，不曝大名，持常遇变、低调应物，具有中华民格、士格的不屈底气与仁爱精神。"

　　然则，今日之时，《澄衷蒙学堂字课图说》有如"前朝旧物"，甚至是"隔朝旧物"。造成我与之有裂缝的疏隔，却非仅时间因素。经学绝于前，"白话文运动"起于后。《澄衷蒙学堂字课图说》之生机与命数，遂应声而断。因这一绝断，哪怕依然使用正体汉字的台湾，竟然也造成"文化精英无从阅读文化元典"。正是百年来江山风云变幻，文化危如累卵。当年，前卫、先锋的周树人、钱玄同、胡适之、瞿秋白们，想必无从洞见于此。究其所欲，难道恰恰于此？

　　不久前，有慧眼珠心之士，偶遇《澄衷蒙学堂字课图说》原刊本一套，"八册齐全，品相颇佳"。可谓珍贵之至。惜为孤本矣。乃"发心要不计工本，使之流传。尊原典，奉原样，原汁原味，使此书的风貌、气息、温度全然流露"。于是，藏书家与出版者会心，以现代手法，"最大程度地还原了原始景观"。策划者以《回到原典》代序，内中有言，"把断裂的传统续上，这是最前卫的事"。

　　我从新星出版社购得一套十足古意的线装《澄衷蒙学堂字课图说》以典藏，又另置一套简装版以翻阅。不独补我小学之缺漏，更是令我心绪略有舒缓。

　　《字课图说·凡例》谓，"专为小学堂训蒙而作，故词尚浅近，一切深文奥义不及焉"。今人自须另行理解斯言。《字课图说》以"天"为起首第一字，释为"至高无上"，又释"天，积气也。气包乎地"。正是以开天辟地向启蒙学童昭告中华文化。华夏之"天"，具象复抽象，可亲亦当敬。"至高无上"四字，岂非"深文奥义"？明乎此，便不至于将"My God"译成"我的天"，得说"我的主""独一真神呀"才对。可见，华夏蒙童以如此课本识字，才是妥当。

其紧随诸字，为：气、日、月、蚀、星、彗、孛、斗、魁、雨、露、宿、云、霞、雾而至明、暗、阴、阳、冷、暖，凡五十八字。因"天有其时"，故而继以世、代、年、岁、时、季、寒、暑、春、夏、秋、冬、早、晚、今、昔、久、暂，等等，凡四十四字。这是接续了一千六百年前周兴嗣作《千字文》的堂奥，使学童去领悟"天地玄黄，宇宙洪荒"。待到童子长成，自然就明白了人在天地间，人不脱天地，人与天地并三才。

我大学里学了两年英文。英文老师当年课堂上教我，说得最多的一句，是"词不离组、组不离句、句不离段、段不离文"。《字课图说》正相反，完全是有字无文，一个字一个字地注音、释义，有时也以图示形，是为"图说"。中国的语言学家强调，表意汉字区别于拼音文字者，乃是其"字本位"。我对这"字本位"之说，似懂非懂。读了一会儿《字课图说》，明白过来，至少明白过来一些。每一个汉字都有它独立的价值，自有其"字格"，无须其他字来帮衬。因为每个字，固有其义、其理。可见，"字课"实非今日之"语文"。以"语文"代替字课，是近几十年来的事了。语言学家潘国文在《危机下的中文》一书里极痛心地说，现在是用了学外语的方式来学母语。拿"语文"和《字课》对照，其言非虚。如此，中文之危，不止于危在简化、俗化，更在于洋化。在我眼里，汉字有如劫后余生而形残神伤。如此教授孩童，即如让孩子吃隔壁家的奶。他对自己的娘亲，怎么会有天伦之情？万一吃的是狼奶，这孩子岂不成了狼孩？

汉字的义、理，又非孤立，而是相互对举。《字课图说》巧巧地将这些义、理对举的汉字并呈于学童，则明理、记义就添了容易。明暗、阴阳、冷暖是，寒暑、今昔、久暂是。再完整录下两组对举之字。

善、才、资、质、圣、贤、哲、义、良、淑、佳、好、懿、笃、纯、敦、仁、孝、忠、贞、节、廉、俭、恭、敬、端、庄、诚、信、孚、宽、雍、敏、慧、谦、让、固、刚、介、桓、毅、严、豪、嘉、康、荣、福、寿、祉、祥、昌、绥；

恶、陋、劣、痴、顽、愚、拙、蠢、昧、悖、妄、谬、误、愆、咎、诈、伪、诬、枉、假、欺、负、狎、侮、干、谄、僭、忤、仇、妒、骄、傲、狂、狡、奢、侈、贪、吝、淫、污、垢、秽、邪、僻、奸、凶、刁、乖、戾、暴、虐、刻、残、忍、偷、窃、争、篡、劫、毒、害、祸、乱、盗、贼、匪、妖、夭。

今人切不可按"现代汉语语法"去分这些词为名词、动词、形容词，只需明白这是两组分别褒、贬之词即可。人之品行、气度，这些字悉数展示。耐人寻味的是，两组字的最后几个字。人欲康荣、福寿、祥昌，须得善良、仁孝、贞节、恭敬；若是诈伪、狂傲、贪吝，不免毒害、祸乱、残夭。这是润物无声了。

汉字的义理，不只是人文教化的伦理，除了关乎天地的"宇宙本体"，还有事物的条理，此不妨视之为逻辑。当代学者揭示汉字以理据性区别于拼音文字之任意性，倒是说了中西之别的极有趣处。向来说西人尚逻辑，亦善逻辑，其实文字上全无逻辑可言。缺逻辑思维的华夏，不免遭西人斥为不讲逻辑。然而，汉字却大有"逻辑"可以品味。例如，以马为偏旁的字族，依次出现的是：

驳，马黄白毛杂谓之驳。驳，不纯也。故独执异议曰驳议，杂载之船曰驳船。

驯，萦野鸟兽使服谓之驯。驯，养也。

骇，马惊曰骇。引申之，改人之视听亦曰骇。

骑，跨马也，单乘曰骑。古者马以驾车，不以单骑。

驾，马在轭中曰驾，驭马也。引申为车驾、法驾之驾，又凡加而上之亦曰驾。

驭，使马曰驭。驾御之也，引申之控制得宜谓之驭。

驻，马止曰驻，音柱意同。

腾，马奔跃曰腾。跃者必骤，故腾起、腾贵之腾，皆解为骤。

驰，大驱曰驰，马奔放也。引申之凡心神奔放皆曰驰。

驱，策马曰驱，驰骋也。转注为驱逐之驱。

骋，竞驱曰骋。直驰也，引申为骋怀之骋。

骤，马倏驰曰骤。马疾步也，引申之凡急者促者皆曰骤，如骤雨。

驶，马疾行也。泛言之则凡疾行皆曰驶，转注为驾驶之驶。

　　这一组字，理说得明白，明白之后哪儿需要死记硬背？看来，习练汉字益智之说，并非虚言。但是，非得教法十分讲究不可。《字课图说·凡例》就有明白之言，定下教授童子识字的规矩，"万勿阻窒其性灵也"。今日编小学"语文课本"者，非得反复阅读、参酌《澄衷蒙学堂字课图说》不可。否则，大误我华夏，亦害此寰宇。

　　再看一字，物。其简释为"凡生天地之间者皆曰物"，详解为"天地之数起于牵牛，故从牛。凡物分三大类。有生有死而能自动者曰动物，人与禽兽是。有生有死而不能自动者曰植物，草木类是。无生无死并不能自动者曰矿物，金石类是"。这一"物"，堪堪表明，《澄衷蒙学堂字课图说》乃是西学东渐、中西交汇之时代里华夏兼收并蓄而融贯。

"新文化运动"风起云涌时卓立潮头的胡适，深心里向往着儿时的《字课图说》，与其说是他思想上必有其矛盾、煎熬，毋宁说是华夏文化绵延不绝之固有兆示。

诚可谓"传承最是创新"。

澄衷蒙學堂字課圖說

新星出版社

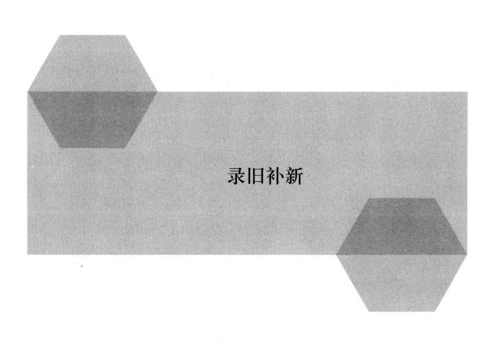

录旧补新

节气：无尽奥义的天地图式

附记

厦门大学人文学院教授盛君，在厦门大学主持通识课程"人文经典导读"，邀我效力。我认定人文当另解、经典可别取，遂以节气为题开讲。后将讲稿修改为此文，随"人文经典导读"的其他讲座，一并由厦门大学出版社结集刊布于乙未羊年。

此前之甲午年仲春，我在厦门大学图书馆为"李琦讲华夏人文地理"之系列讲座，分为"日月经天""江河行地"和"人文有初"。原本计划这个系列讲座是开放的，随我华夏大地走读而延续。后来以"事不过三"节制了。所幸，天、地、人都有了，这个"华夏人文地理"便算整全了。节气自日月经天来，是天文，也是人文；是天文，也是地理。我以为华夏学子不可不识，遂因此执意在"人文经典导读"上释解节气。

此番移录于此，更充全书之结，无任合适。

弁言：人文另解与经典别取

大学里设了人文学院，这便容易让人将"人文"与经济、政治、化学、医学、信息工程、环境政策等区别了，乃至把"人文"也与艺术区别了，只将它当作大学里"术业专攻"的诸"业"之一。一旦把人文当作大学里的专业之一，通常又将它当作人文学院的教授与学生要用心耗神的，其他专业的教授与学生则可以无关人文，只做那"专攻一业"之事。如此，"专业"就必定退为匠技，无以成为艺业，纵然再是精湛，也是存了很大欠缺的。一旦把人文当作大学里的专业之一，又是将人文变窄了，变虚了，极容易使人文弱去与生活、生命的多样、丰富的关联，乃至失了根植之土壤、灵动之源泉。如此，人文就必定庸俗化，容易退为故弄玄虚、故作风雅。

大学里设了人文学院，也许是大学的无奈之举。这逻辑的反面是，并非所有的大学都设得了人文学院。原本，不管设不设人文学院，大学都该是人文的。毋宁说，没有人文便不成大学。因此，大学里，不分术业之"专"，教书的都该有一份人文气质；虽然院系有别，读书的都该有相应人文素养。否则，大学就不足以言其"大"。没有人文气质也教书，这很怪异；少了人文素养地读书，这很可惜。

最简约地说，人文是关于生命的理解与体验，并由此理解与体验而来生命态度、立场。人的世界里，不只是艺术、宗教承载生命理解与体验，展示生命态度与立场，举凡秩序与混乱、效率与公正、战争与和平、疾病与灾害，等等，都深刻牵连着生命态度与立场。相应地，人理解自然世界时也必定延伸和投射了他之于自身的理解，人对于自然的态度、立场也必定就是他对于自己的态度与立场。例如，是"人定胜天"的征服、攫取，还是"参赞化育"的天人合一？因此，大学里，法学院讲人的行为如何通过规则以型范、医学院讲诊断与药物如何治疗肉身之疾时，固然已是直接关乎生命态度与立场，建筑学院讲物化的具象空间如何供人安身立命也是不能脱离生命态度与立场的，即便是宇宙学的研习也必定涉及轻微之人于无边无际、无始无终的宇宙是否果真必要与可能去"量天"的问题。人文是大学里跨越和超越专业界限的那份精神、那道趣味、那番意象。唯此，世上不同的大学、大学里不同的人之间才能够心意相通、心领神会，哪怕意见相左也依然可能志同道合、共担天职。

人的世界里，实无与人文无关的经典。只是，未必人人看得出经典便是人文，也未必人人能够恰当取舍经典。也该承认，每个时代有其认定的经典，每个时代对经典各有读法。于经典这般"此一时彼一时"，正是生命理解与体验、生命态度与立场变动而不恒定之反映。然而，变动不居中总也有一以贯之者。

大凡说到经典，总容易以为它采取文本形态。新、旧《约书》大概是西方人顶礼膜拜为至高无上的经典文本，中国人则或许只会把《易》或《道德经》当作世界第一经典。将文本做宽泛理解，那么《雅典学园》与《兰亭集序》一定足称经典，《广陵散》和《命运交响曲》则堪以听觉符号身列经典而并重于那些视觉符号形态的经典。人类千百年累积起来的对于自然世界的理解，往往凝练为一则定律、一道公式，自也该称经典。

这之外，还有别的形态的经典吗？权且把节气也作经典，如何？

节气：另一样天地图式

一天之内，日出日落；一月之间，月盈月亏；一年之中，四季相替。在尚未"科学昌明"的时代，先民最初的时间感知大概是这样的。这样的时间感知，又是太阳与地球之间的空间关系所带来的，出自先人在大地上抬眼看天。所谓"时间由仰视而来"。这意味着，关于时间的把握，已经包含了对空间、对天体运行的把握。且称"天地图式"。农耕的文明里，日出而作、日落而息，这是生命把握；春耕、夏耘、秋收、冬藏，这更是因寒暑相推而来的生命节奏。天地图式里，便融契了人文。

五百年前，哥白尼一页一页地摞起那划时代的《天体运行论》。实证与分析取向、讲求精确与客观的近代自然科学，遂由此正式奠基。这一番重新厘定天地关系的痴迷，既是划时代的，大概也是战战兢兢的，竟至遗祸于布鲁诺惨遭烈火。后人往顾，那正是"科学与宗教"的问题。天地之间，何主何从？日心说既出，上帝无存；十字架祭出，科学重挫。这样的景象，只是西方文化中独有的，并非"海内同此凉热"。

地心说也罢，日心说也好，也俱为昨日故事。今人讲论天地图式，何说？阳光、空气、水，为生命之三要素，遂有生物圈之存在。生命演化，造成"万物之灵"，由野蛮而文明。这说法，属于科学。试着换个文学的说法，会如何？那叫太阳的男子，茫茫宇宙中，独独钟情于叫地球的女子，将他的精光如种子般播撒于女子，不舍昼夜。这温婉而心怀好生之德的女子，敞开她的肌肤，用她的丰润、肥沃，承接太阳的精光。于是，水里游着鱼虾，地上有了走兽，飞禽栖息于密林，昆虫嬉戏在草丛。他和她之间，空气正是媒介，令阳光通达大地，使万物自由呼吸。智慧的英国老人汤因比，用了半文学的手法，临终之前来说人自己的事情。《人类与大地母亲——一部叙事体世界历史》，别出心裁地以"生物圈"起始。他竟然像是回到了人类几乎是童年期的那个生命感受中，"只知其母，不知有父"。

东方的华夏族，对天造地化的珠联璧合了然于胸，早早地就用"天公地母"说开来了。这无疑是科学与宗教之外，另一样天地图式，不止形象、生动，也精确得很。这般将天地拟人化，恰也是中国文化不将自然对象化的意蕴。在汤因比这一族眼里，东方的华夏族，毋宁是早熟的。不知道，华夏族"天公地母"的天地图式，是否正是"早熟"的表现；或者，反过来，正是胸怀"天公地母"的天地图式，华夏族才造成了"早熟"的文明？这一端的因果关联，留待天地来开示好了，且不免多余地问一问：华夏一族，可还有另外的天地图式？

赤道、北回归线、南回归线这样的概念，华夏固有的天地图式里，本是缺乏的。既然欧风美雨之全球化都这么久了，那就不妨先借西来的科学说起。当太阳直射点在北回归线的时候，那叫"夏至"；反之，在南回归线时，为"冬至"。从南回归线向北半球返回，到达赤道，那是"春分"；由北回归线向南半球移动，则是"秋分"。都是常识了。这最简单的常识，却很重要。春、夏、秋、冬便简单明了，而以"至"与"分"来表达太阳与地球之间在特定时点上的关系，不仅精准，还非常美雅。这在华夏，称为"节气"。夏至、秋分、冬至、春分，是节气中的骨架。四季之始，立春、立夏、立秋、立冬，可作经脉。剩下的十六个节气，充实于四季，便是血肉。

简要图示如下：

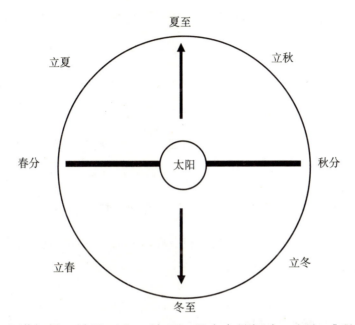

今人讲气候，涉及天文、地理，是个空间概念。例如《现代汉语词典》释"气候"为："一定地区里经过多年观察所得到的概括性的气象情况。它与气流、纬度、海拔、地形等有关"；引申开来，还可以比喻动向、情势、结果、成就。古人的"气候"，不一样，是个时间概念。五日一候，三候一气，六气一时，四时一年，合为一年三百六十日。看来和日历上的一年三百六十五天不吻合。这没关系，至少聪明的先人早已经替我们把其中原本很要命的缝隙消弭无形了。大概可以理解为，地球之于太阳，一年为一次公转，成一个圆周；将这个圆周等分，分出二十四个节气；每个月两个节气，每个节气含圆周中的十五度。因此，古人讲到任何一个节气时，都要说清"太阳黄经度数"，每十五度一变。这意味着，每一个节气，都在天地关系上是独一的，也是互异的。

　　所谓节气，古人以一月之中前为节、后为气。实在可做另解。一年二十四气，把原本无缝的时间之轴分了段落，前后相异，自成一节，各有内涵。是为"节气"。如此，华夏的天地图式，包含了渐进的三个层面：第一层，一年四时，春、夏、秋、冬，所谓四季。第二层，春有立春、雨水、惊蛰、春分、清明、谷雨，夏含立夏、小满、芒种、夏至、小暑、大暑，秋为立秋、处暑、白露、秋分、寒露、霜降，冬则立冬、小雪、大雪、冬至、小寒、大寒，所谓二十四气。第三层，每一气三候，例如立春三候为"东风解冻、蛰虫始振、鱼陟负冰"，一年七十二候。这一层，时间上的气候，又相应体现为地表上的物象，也叫物候。

节气：自然时间符号化之美意象

　　地表上有人之前，星移斗转，时空是自然的，也是自在的。人将星移斗转的空间状态、随星移斗转而生时间接续符号化了。为天体命名、揭示天体运行之关系，这是将空间符号化；为时间命名、建立各时间单位之关系，这是将时间符号化。自然时空符号化也是人将自然时空人化了，从而时空变成"人的"时空。自然与自在的时空之所以因为符号化而变成"人的"，端在符号本身的抽象性与超越性。例如，人的观念里有了日、月，遂祭日、拜月，全然无关那自然与自在的日、月，彻底是人自己的事，祭拜是人的祭拜，日月也只是人的日月。

　　节气是自然时间之符号化，更是极富意象化的时间符号。比起单纯的时间刻度秒、分、时、日、月、年来，节气显然是美的、好意象的。这美意象的最初展示，即在诸如夏至、冬至、春分、秋分的写实与精到之外，还有惊蛰、清明、谷雨、小满、白露、霜降等的生动与趣味。复由此而成《节气歌》：

春雨惊春清谷天，
夏满芒夏暑相连；
秋处露秋寒霜降，
冬雪雪冬小大寒。

二十四节气名，各取一字，竟然可以组成朗朗上口的节气歌，若非汉语之字本位，大概无以如此。尤其起首的"春雨惊春清谷天"，顿然拟人化地使自然鲜活起来，予人盎然生机之感，音韵上也美得很。所谓中文是意象文字，这一下，体现得极为具体、直接。

另择一趣话。明代有位学台，游览于浙江天台山，夜宿山中茅屋。次日晨起，见茅屋一片白霜，心有所感随口吟出上联：

昨夜大寒，霜降茅屋如小雪

联中嵌有三个节气，一气呵成，毫无痕迹。直至近代，才由浙人对出：

今朝惊蛰，春分时雨到清明

节气：以人文融契于天文

183

　　华夏先人绝非以节气这一天地图式单纯描述天地关系。就中国文化的基本取向而言，纯知识上的兴趣并不大。华夏先人也绝非基于主体与客体二分的思维，把天地当作认知与行动的对象。一旦二分，就容易对立。天地之间，人行其中。所谓"中国"，岂能不如此理解？叫作节气的这一幅天地图式，正是关乎人之行止，以融契于天地。绵绵奥义，藏于节气。

　　今人最容易想到的，大抵是节气与耕作之关系。春夏万物生长，秋冬万物肃杀。相应地，耕作的节奏，便是春耕、夏耘、秋收、冬藏。这是人力的节奏，要契合天时、地利。因此，"凡耕之本，在于趋时"。否则，"人误地一时，地误人一年"。这一误，大概非得忍饥挨饿不可了。"农"的繁体作"農"，正是含了辰，可知其密切关乎时节。不光是"好雨知时节"，更是"农人知时节"。今人总结中国古代农耕的特点，叫作快节奏，与其他文明区域的农作殊为不同，就是因为农时转瞬即逝。少年时，暑期回乡下老家，记忆里最辛苦而深刻的事情，是随叔伯兄长地里干活，叫"双抢"，抢收、抢种。中国南北方所跨纬度虽然大，农时转瞬即逝看来一般无二。

　　时下最流行的，该是节气与养生的关联，所谓"四时养生"。这是使人融入自然的能量循环。最直接的做法，是"时食"，即依着时令而食。不同时节，上天各赐蔬菜、瓜果、鱼虾、肉禽。按中医的说法，应时而食，对于调补非常重要。正是"药食同源"的具体化。今人对节气的理解若只在这个层面，那就太鄙俗了。人之所食，原是为物，故有"食物"之说。一旦应时而食，所食就不限于有形之物了，更是无形之时。这何尝不是"食时"？把星移斗转吃进肚子里。这一吃，不仅吃出了时令美味，更是吃出了大气势；这一吃，不仅在形下的层面吃着营养、获取能量，更在形上的层面吃着天地人之融契。可惜，可惜；悲哉，悲哉。如今的文明形态中，工业化而来的食物全然没有了时令界限。人之所食，只剩形下的物，或许能够维持肉身，何能指望滋养性命？

除了具象层面的依时而食，"四时养生"在抽象层面要求随四季之阴阳消长、寒暑相替而起居、动静。这是对生命节奏提出更高的要求。

民俗上，一向有在节气中寄望生命期盼的做法。立春之后的节气是雨水。此时有"撞拜寄"的习俗，寓意雨露滋润而易于生长，期盼孩子如得雨露般茁壮成长。如果无法将孩子拜寄给人，也可以"拜寄给具有神性的山、石、田、土、水、树"等。出嫁的女儿若久不怀孕，母亲会在雨水时为其缝制一条红裤子，穿到贴身处，求能尽快生育后代。

节气之中，天地人之融契，最体现为敬畏自然。华夏先人之做法如下。

其一，迎春夏秋冬。这甚至是代表万民的天子之职责。在四季起始的立春、立夏、立秋、立冬四个节气里，天子率百官，迎春于东郊、迎夏于南郊、迎秋于西郊、迎冬于北郊。这是极有意趣的做法。今人或许称此为"拟人化"。未免不得要领。古人大抵不是"拟"，而是实实在在地视其为"人"。

其二，祭天地日月。同样是天子，春分祭日于东方，秋分祭月于西方，夏至祭地于北方，冬至祭天于南方。因有四祭，明代建北京城，格局上便不得不有日坛、月坛、地坛、天坛。四祭之中，祭天为最。

天坛便也是最气派、最精妙的。华夏阖族，中秋赏月，原是出自秋分祭月的。祭月总得月悬中天、朗月清晖，唯在八月十五才易得此好天象。于是，内涵上祭月演变成赏月，时间上以中秋为节而替秋分之气。由祭月而赏月，雅致与欢愉有了，恭谨与肃穆却少了。

翻天覆地、分崩离析的百年剧变之后，更是彻底流逝了对于天地、自然的敬畏之心。四季不迎，天地失祭。因四祭而立四坛，如今已退为遗址与文物了。络绎不绝的游人，到了圜丘与祈年殿，几乎没有人会在心中生出对天地的礼敬与感戴。自然，只剩下物象，不过是人的对象。人再也不把自己的心性投射其上，只知率性地施加钢铁力量。

于自然之敬畏，第三则是循阴阳寒暑。一年之中，寒暑交替，阴阳消长。人的行动，循了这一交替与消长，因应自然的节奏，一面是养生、保健以善待生命，一面则是人的自我约束。汉代规定："冬至前后，君子安身静体，百官绝事，不听政，择吉辰而后省事。"《白虎通义》谓："冬至所以休兵，不举事，闭关，商旅不行，此日阳气微弱，王者承天理物，故率天下静，不复行役，扶助微气，成万物也。"西人有言，"伟大在节制中展示"。人的生命节奏，契合于自然之节奏，而不敢、不必、不会罔顾"天公地母"之自在节奏而肆意施为，也算"以敬畏而伟大"。

所谓"天时地利人和"，且解作"天有时、地有利而人与之和契"。在节气这样的自然节奏中，人伦领域也要契合天时、地利，遂有另一端"人和"。例如在雨水节，出嫁的女儿要带上礼物回娘家拜望父母，以感谢父母养育之恩。到了冬至，寒冷至极，晚辈要向尊长进献鞋袜，以作保暖护身之用，以示敬尊爱长。世人但知才高八斗的曹子建，因爱情写就《洛神赋》，却不知道他为亲情向曹操奉上《冬至献履颂》。这是于特定节气为孝亲之举。此其一。其二，于先人，节气时则祭之。清明祭祖，是郊祭。坟墓总不可能在屋宇里。冬至也祭祖，那是在宗祠为祭。此外，立春、春分、夏至乃至处暑，都多有祭祖之举。合起来，正是四祭，祭于春、祭于夏、祭于秋、祭于冬。节气里孝亲、祭祖，内里大约是含了"以历史为宗教"的意思的。这话题真是很大。其三，敬师。古人的"天地君亲师"中，师的地位，远非如今这个理性化时代师生之间的情感性关系荡然无存所能比。既须孝亲，便得敬师。冬至即是敬师之时。一敬先师，大成至圣之万世师表孔夫子；二敬本师，授业之师。说起来，拿冬至作教师节才是最适合的。

这么说下来，依着节气，从田间耕作到饮食保健，从敬畏自然到慎终追远，一言以蔽之，乃是自然节奏与生命节奏之融贯。节奏诚为人之天然需要，向内是人一己的谐与和，向外是人与人、人与物的融与契。若非谐和与融契，人何以成其为人？如此，节气就不只是自然时间之符号化，更是生命之时间维度。在这样的生命维度中，既是"以人文契天文"，又是"以人文补天文"。一年之中，"冬者，终也，万物收藏也"。于是，冬季里，谷物进仓、活计收停、休养生息。这既是自然之物象，也是人之生命节奏。此所谓"以人文契天文"。

把二十四节气当作生命节奏来理解，生命由之而相应地起伏、转承，那么不妨把二十四节气看作：中国人一年中的二十四处房屋。这便把时间转换为空间，或者说赋予时间以空间意蕴。

节气：参赞化育的天人合一

另一面，古人观念与行动上，人之于自然的节奏，也不纯然是消极的、被动的，可以有所主动、积极，从而"助天养""助天收""助天诛"乃至"补天穿"。此所谓"以人文补天文"。例如约在汉朝，出现了"天穿节"，时间恰是雨水之时。大抵古人认为"天穿而雨"。天穿节与女娲补天相关，喻义为补天，故而天穿节的习俗是吃煎饼。也有在天穿节中为补地之举的。再如古时守岁，或烧松盆，或焚沉香，或燃爆竹，或点蜡烛，总之与火有关。这是助阳。因为在阴阳消长中，此时阳至弱，有赖人之相助，便于"一阳来复"而万物复苏。

这样的生命理解与生命节奏，在更深的层面，是"参赞化育"。《中庸》有言：

惟天下至诚为能尽其性。能尽其性，则能尽人之性。能尽人之性，则能尽物之性。能尽物之性，则可以赞天地之化育。可以赞天地之化育，则可以与天地参矣。

"赞"的本义是"带礼物进见"。"先"本义为"走在前面"，两"先"并列意为"快速进见"。"贝"指礼物。"赞"的引申为夸奖、称美，再引申为帮助、辅佐。"天有其时以化生万物，地有其材以养育万物"，人虽无生、育万物之力，却能"赞"天化地育。这是中国文化特有的生命观。人于天地间，固然轻且微，却非卑与贱。人以其轻微，致力于与天地和；和契、融贯于天地，便是昂然卓立于天地间。人遂得以与天、地并其三。此所谓"三才天、地、人"。这古老的说法，看来于当代得了西人之应和。有那博学、敏锐之士，深感资源稀缺所造成的困窘，以大作《终极资源》来定位人。这恰是西人思维之特性。把一切都对象化，连同人自身也对象化了。这与"三才"之说，实为大异其趣。二者不可相混，即如鲸鱼岂可当鱼？

中国文化将生命个体融入天地自然系统，又将个体当作小宇宙。这是从自然的意义上对生命做系统性理解。另一面，在人伦上，中国文化不在意个人，既不将个人视为独立的原子，更不是以个人为至上之存在，而是将个人汇入血亲团体中，个人的生命价值在于使特定血亲团体生生不息。一己生命，一端是孝亲、祭祖，另一段是生养、繁衍。这是从人伦上对生命做系统性理解。辨识节气之奥义，不可不察此"系统性生命观"。易言之，华夏在关系性维度上看待生命，泰西则在自我性维度上看待生命。

节气：阴阳与辩证

节气中最奥妙的，莫过于阴、阳。

阳与阴之具象，是物体于日光之向背。向日为阳，背日为阴，自不待言。拿天、地关系来说，春分经夏至到秋分，太阳直射点在北半球，为阳；秋分经冬至到春分，太阳直射点在南半球，为阴。这是阴阳两分。然而，一向又以春夏为阳、秋冬为阴。这是因为，春夏为万物生长，故而其性为阳；秋冬乃万物肃杀，其性则阴。生长或肃杀，固然关乎具象，却已含了抽象之意。因此，春夏为阳、秋冬为阴，便是略略离开具象来说阴阳了。

一旦在抽象的意义上看阴阳，阴阳便不是两分，而是并存。孤阴不生，独阳不长。后羿射日的故事，恰是验证了"独阳不长"。"寒能封藏"之说，也是将阴的功能说个透彻。而夏至三候，正说明了阴阳并存。夏至三候，为"鹿角解、蝉始鸣、半夏生"。今人以麋、鹿同科，古人却将二者分了阴阳。鹿角向前生，属阳；麋角向后长，属阴。夏至日阳气盛而转衰，阴气始生，阳性的鹿角便脱落了。阴性的麋则到了冬至才落角。雄性的知了在夏至日后因感阴气来临而鼓翼成鸣，喜阴的半夏于沼泽、水田中生长。夏至三候，正是阴阳交替的物象。这阴阳交替，乃是主、从上交替，而非彼此替代。

这在主、从上交替的阴、阳，远非视觉上可见的阳光、阴影，而是气。这是对阴、阳最抽象的理解。其可以感知，无以实证。例如，春天里气温二十度，与秋天的气温二十度，实证的意义上是完全一样的，但是身体对寒热的感受却大不同，自古相传就是"春捂秋冻"了。春时非得"捂"，秋来"冻"得起。春分到秋分，阳气为主阴气从属；秋分到春分，反之，阴主阳从。身体对同一温度时的冷热感知不同，即是这无处不在却无所见的阴阳之气主从有异。阴阳之主从，也涉及阴阳之隐、显。春分到秋分，阳气为显，阴气潜之；秋分到春分，阴气显而阳气潜。

阴阳之主从、显隐，又极为辩证。夏至，阳极盛，盛极便衰。阳衰，则阴起，故而"半夏生"。冬至，阴极盛，盛极则衰。阴衰，阳遂起。故而，冬至为"一阳来复"。正因为"一阳来复"，古人对冬至看得极重，甚至到了"冬至大如年"的程度。故而，祭天与祭祖，孝亲与敬师，饮食以进补，都在冬至。所谓"过年"，还真没有这么丰富的内涵的。有一种名为万寿花的，开着米粒大的小红花，鲜艳、可人。她正是在冬至过后盛开，离立春还有不少时日。不待春来花自开。正是不可见而潜隐的冬日之阳，在复苏之初，造就出盎然生机。适足以与具象的冬阳暖暖并一时瑜亮。美哉，快哉。所谓春分、秋分，不止昼夜平分，也是阴阳平分。所谓夏至，不止阳气达于极致，也是阴气始至。所谓冬至，既是阴气盛极，犹是阳气初起。此为阴阳相伴相生，相辅相成。

节气：中国式的生命理解

今人重新释读节气，转述如下：

站在万物生化的角度来看待及审视世界，并进行世界规律之总结。

对构筑世界的材料、作用体系的结构模式，也做出相应的归类与安排。

归纳出三大生化万物的直观作用结构及其规律：

以四季寒暑为特质的年周期

以昼夜明暗为特质的日周期

以雌雄男女为特质的生物周期

在四季寒暑这个万物生长的周期中，看待及安排雷霆风雨等自然现象的作用与性质，并将其对万物生长过程所产生的具体影响与作用，予以规律化、体系化。

将人与其他生物放在一起，共同作为对生存其间的生态场域的生存感受者，将由太阳周期所构成的四季寒暑变化、昼夜明暗变化，以及万物进行生物适应的适应模式与适应规律，构成直接影响、形塑其生存规律与生活方式的要素，做"月令"式提取。从而形成了主要记载于《夏小正》《月令》等典籍中的华夏式农业文化模式。

这是根据万物与外在生命场的相互关系，总结而成生物适应原理及生命成长规律。

看来李约瑟比黑格尔多些慧根，所以知道有一种"极古老极明智但全然非欧洲性格的思想模式"。可谁知道，究竟是东方式的辩证，使华夏得窥天地堂奥，抑或此天地堂奥，独青睐华夏而成此辩证?

上文参考了以下书目

《新诸子论坛》第十二期

许来彦编著:《二十四节气知识》，天津传媒出版集团 2013 年版

红苇:《年的三副面孔——中国时间文化的前世今生》，社会科学文献出版社 2010 年版

彭子益:《圆运动的古中医学》

读书如何"报告"（代跋）

丁酉立夏，示于门下诸生以助课业

书评、读后感、读书报告，异同互参。

读后感是写给自己的，不存在"怎么感"的问题。毋宁说，这是记录自己读书的经历。或者是录下来，以存与来日，不致遗忘；或记当时以为值得记的，来日回看过来，所记是否依然有价值倒不要紧。这一番记录，也可以看作自己和自己对话，不过是借了某个叫"作者"的，并不真切就是和"作者"对话了。"作者死了"。总之，读后感就只是自己的事，无关他人。这便可以自说自话，可以敝帚自珍。把读后感作日记的一类，也未尝不可。

书评是写给读者的。读者可分为两类。一类是普通读者。写给这一类读者的书评，接近于甚至就是阅读推荐。出版者每每在书腰、封底刊出名家短评，即是。早年我应学生之请，作《推荐书目》，内中就瞿同祖先生之《中国法律与中国社会》，单只一句话，"不读此书，如何敢说在中国学的法律"？另一类为专业读者，也就是同行。写给同行的书评，接近于甚至就是学术论文。为严谨起见，加个说明：一本书，如果是小说、散文、诗歌、传记等，属于文艺评论，不在此处之讨论范围。其非我所能也。以同行为读者的书评，要求：

第一，从学术史的维度来评论，置之于一个坐标系中评断一本书的阅读价值。这也就是与同题著述相比较，析出此书之独特价值，或在其结论之颠覆既往，或在其角度、方法之新颖、奇特，或在其材料、论据之前所未见而使旧论得新证，等等。也可能没有同题著述可比较，这正是其书开天辟地般的"刊山伐道"之功。

第二，评断作者如何谋篇布局，分析结构条理，揭示论据与论点之关联以及论据相互间之关联，等等。

第三，其书是否存有局限与缺陷，而就此局限与缺陷，书评者是否又如何提出补足或解决之策。

可见，如此一通书评，评的其实不是书了，而是作书者。故此，书评是评者与作者对话，不再是评者自说自话。既是与作书者对话，最好的书评便是能够触及作者的心迹、心绪，尤其是与客观性之自然科学著述相区别的人文社科领域的著述。读到我这篇文章的人，不妨另行去读《与学生书》的相关内容。

读书报告，介于读后感和书评之间。它虽然不必写成书评，但是可以写得接近书评，正是上乘之读书报告；它虽然不能写成读后感，却也不妨带有点读后感的调子、气质。

和读后感比，读书报告有读者，这读者很特定，老师。为师者，按课业要求相应布置，学生因此既记录阅读，也提交了供老师评断其阅读之态度、程度、所得、所漏。这就是读书为何"报告"。这一"报告"，是师生之间的对话。

和书评相比，读书报告是课业的一部分，表面看来作为它的读者的老师是专业人士，其实是以授业之身读学生的读书报告。所以，读书报告可以像书评，也只需要像书评。易言之，读书报告是降低了要求的书评，可以不同程度地降低要求。于是，读书报告可以不顾及学术坐标，不分析结构条理，不评论论证充分与否、材料是否完备等等。读书报告可以单就某一章、某一节，来说阅读所得，甚至可以单就某一句话、某个观点，来说所思所虑。读书报告当然可以评判书之得失、成败，以展示一己之见于授业之师。甚好。

记忆里，我似乎没有写过读后感，也没有写过读书报告。不喜欢记日记，自然不会去写读后感。做学生时，也没什么书可读，那时大部分专业课程连教科书都没有，一应授业之师遂未布置写读书报告。学术生涯中，书评写了一些。兼任《厦门大学法律评论》主编的六年里，特设《学术观察》一栏，常常不得不为此专门撰文，拿来过《正义的两面》《规训与惩罚》等做书评。其间诸如《司法与国家权力之多种面孔》，数次动念而终未能写成书评。此可见书评不易也。

最不易的，是为先师盛辛民教授的《法哲学》做书评。盛师仙去道山，遗下《法哲学》簿册于尘世。就着法律出版社刊布《盛辛民法学论集》之举，我作文《智者恒智，隐士归隐》，以释解、评断，充为《论集》之序。这一篇书评，既勉强算是我作为盛师晚辈同行隔了近三十年的回声，更是我在师尊未曾布置时自觉交上的一份读书报告，也是我感念盛师而作以私藏之文。此前，陈师朝璧教授有未刊遗稿，论"新中华法系"。我隔了三十多年再读，叹服之极。就着主编之便，刊出陈师两万多字遗稿，并写出一万多字的文章与陈师唱和。一文之作，同样是书评、读书报告、读后感三合一。

噫！读书报告，岂止辞章文本，其为师生之情意相通、心领神会矣。